Mette Løvbom

Kohl

Frisch, modern und gesund!

JAN THORBECKE VERLAG

Inhalt

Vorwort

Ich erinnere mich, als sei es gestern gewesen: Zum Mittagessen lauwarmer Grünkohl auf meinem Teller, in treuer Gefolgschaft einer Scheibe gepökelter Kalbszunge ... In den Siebzigern war das bei meinen Großeltern ein klassisches Sonntagsessen – und bestimmt nicht mein Lieblingsgericht. Ist es bis heute nicht. Ich habe sehr deutliche Erinnerungen an Kohl. Meine Kindheit wurde durch Geschmackserlebnisse mit dieser charismatischen Zutat in allen Variationen bereichert – vom braunen Kraut mit geräuchertem Speck meines Vaters und den knusprigen Frikadellen mit gedämpftem Weißkohl meiner Mutter bis hin zu den akkurat zusammengebundenen Kohlrouladen mit gebräunter Butter meiner Großmutter. Einige davon wurden zu Lieblingsgerichten, andere habe ich versucht zu vergessen.

Zu Zeiten meiner Großeltern und bis in meine Kindheit war Kohl ein selbstverständlicher Bestandteil der Küche. Eine solide und billige Zutat, die immer gut sättigte. Aber Kohl wurde auch mit Armut assoziiert und daher in den wohlhabenderen Familien vom Mittagstisch verbannt. Denkt man an Kohl, kommt einem vor allem der unangenehme Geruch beim Kochen in den Sinn. Und vor allem Rosenkohl habe ich noch deutlich als Gericht vor Augen, das es einfach nur zu überstehen galt. Auch die Ernährungseigenschaften und die Auswirkungen des Kohls auf die Darmflora ließen und lassen uns bis heute über ihn schmunzeln. „Kraut macht laut“, pflegte meine Großmutter zu sagen.

Erst in den Neunzigern hielten Kohlsorten wie Brokkoli und Spitzkohl Einzug in die Restaurants, und nach und nach bekam der Kohl Aufmerksamkeit von der breiten Bevölkerung. Und Anfang der Zweitausenderjahre begannen wir, mit Kohl in seiner einfachen, rohen Form zu experimentieren – vor allem in Salaten. Je mehr vegetarische und vegane Lebensstile sich verbreiteten, desto leichter hatte es der sättigende Kohl in der Küche. Noch immer hat er sich nicht als Alltagszutat durchgesetzt, denn er hat den schlechten Ruf, ein schwer zu beherrschendes Gemüse zu sein. Eines, das man nur schwer lieben kann.

Doch ich muss zugeben, dass sich der Kohl inzwischen zu einer Zutat entwickelt hat, die ich immer zur Hand habe. Er ist zu einem treuen Gefolgsmann geworden, einem beständigen Teil in meiner Küche bei nahezu allen Mahlzeiten und Gelegenheiten. Kohl ist vielseitig und erstaunlich treffsicher, und er verdient im Alltag viel mehr Aufmerksamkeit. Wir müssen lernen uns zu trauen, seine besonderen Merkmale herauszukitzeln. Insbesondere über die Bitterstoffe im Kohl rümpfen viele die Nase. Sowohl die unzubereitete Zutat Kohl als auch der hin und wieder verkochte Kohl lassen so manch einen vor Abscheu erschaudern. Doch gerade die vielen Variationsmöglichkeiten des Kohls machen ihn zu einem Weltmeister, den man feiern sollte. Kohl ist so flexibel! Er kann mariniert, gebraten, gebacken, gegrillt, sautiert, eingelegt, fermentiert, geschmort, blanchiert oder gedämpft werden. Die einzige Garmethode, der ich meinen Kohl nicht aussetze, ist das Auskochen, weil ich seinen Geschmack und die vielen wichtigen Vitamine und Nährstoffe nicht verlieren möchte.

Ich bin dem Kohl längst verfallen. Als ich noch einen großen Küchengarten hatte, war er dort ganzjährig ein gern gesehener Gast und zeigte sich in langen Reihen mit stolz in die Höhe ragenden Strünken und vollen Kohlköpfen. Seit ich keinen Garten mehr habe, wundere ich mich jedes Mal darüber, wie viele Kohlsorten man das ganze Jahr über in den Geschäften findet. Bei meinem Supermarkt vor Ort bekomme ich im Grunde alle Kohlsorten – von Kohlrabi, Grünkohl und Kohlrüben bis Palmkohl, lila Spitzkohl und Romanesco. Kohl ist also ein wichtiger Bestandteil meines Alltags. Ich setze ihn in allen möglichen Zusammenhängen ein, z.B. in meinem Kohl-Smoothie morgens, mittags im Salat oder in warmen Gerichten. Außerdem lege ich ihn gerne ein oder verarbeite ihn zu Snacks, zu Brotaufstrichen oder zu Reiseproviant. Weil er so gut sättigt, eignet er sich hervorragend für fleischfreie Tage.

Bei allem, was ich auf den Tisch bringe, ist der Geschmack am wichtigsten. Essen ohne Geschmack ist uninteressant. Das stumpft die Sinne ab und macht gleichgültig. Daher verwende ich viel Zeit darauf, die Gerichte abzuschmecken und mit den fünf Geschmacksrichtungen zu spielen. Was mir dabei aufgefallen ist: Jede einzelne Zubereitung von Kohl führt zu einem ganz einzigartigen Geschmack. Ein gegrillter Spitzkohl hat süße, bittere, aber auch karamellartige Noten, wohingegen ein roh marinierter Weißkohlsalat nicht nur Säure, sondern auch Vitalität und Geschmeidigkeit bietet. Jede Zubereitung hat ihren eigenen Charme. Es gibt Kohl für jede Gelegenheit. Und genau darum geht es bei diesem Buch, das Sie gerade in den Händen halten. Eine Huldigung des Kohls als Alltagsgericht. Eine Inspirationsquelle für Kohl in Ihrer Küche. Jeden Tag. Das ganze Jahr über.

Guten Appetit!
Mette Løvbom

So benutzen Sie dieses Buch

Das Buch soll Ihnen als Inspirationsquelle im Alltag dienen. Ein Nachschlagewerk mit Rezepten und Serviervorschlägen, die Sie entweder brav einhalten oder als Inspiration verstehen können, wenn Sie Essen zubereiten – und zwar jeden Tag. Es geht ums Ausprobieren und um den Mut zur Improvisation. Fehlt Ihnen eine bestimmte Zutat, ersetzen Sie sie durch das, was Sie gerade im Kühlschrank haben. Solange Sie sich an die Hauptzutaten im Gericht halten, können Sie ohne Weiteres einen Nebendarsteller durch einen anderen ersetzen.

Die Rezepte sind einfach und verständlich beschrieben. Es sind ehrliche, bodenständige Gerichte. Speisen, die Sie problemlos mit der Familie in Ihrer Küche meistern können. Ich versuche, so weit wie möglich Zutaten zu verwenden, die in den meisten Haushalten vorhanden sind oder die Sie in Ihrem Supermarkt vor Ort finden. Denn die meisten Kohlsorten bekommen Sie das ganze Jahr über in den größeren Lebensmittelgeschäften – Palmkohl, Kohlrabi und Kohlrüben kaufe ich im Supermarkt oder auf dem Markt, und sollten sie einmal ausverkauft sein, bestellt der Gemüsehändler sie gerne für mich. Es gibt eigentlich keine Ausrede dafür, dass Sie Kohl nicht verwenden.

Dreh- und Angelpunkt dieses Buches sind die meisten bekannten Kohlsorten, das heißt, Kohl ist in allen Rezepten vertreten, entweder als Hauptzutat oder als Nebendarsteller. Es ist kein vegetarisches Kochbuch, aber es wird vor allem Gemüse in allen Variationen verarbeitet. Allen Rezepten ist gemein, dass sie einfach sind und aus einer Fülle an nordischen Gemüsesorten und Aromen bestehen.

Mir ist Qualität sehr wichtig. Ich habe keine Lust, mich mit Zutaten zu beschäftigen, die voller Pestizide sind, wochenlang in Kühl-LKWs auf Autobahnen herumgefahren wurden oder nicht ordentlich behandelt wurden. Daher habe ich für diese Rezepte Bio-Zutaten verwendet, nach Möglichkeit welche, die aus der Nähe kommen. Für mich ist es unnatürlich, nicht das Natürliche zu verwenden. Und Zutaten, die in der Nähe produziert werden.

Das Buch ist eine Huldigung des Kohls oder eher meiner Liebe zum Kohl. Es ist ein Versuch, dem Kohl eine breitere Akzeptanz und Popularität zu verschaffen. Denn Kohl ist nicht nur meine Lieblingszutat. Kohl ist regional, Kohl ist günstig und das ganze Jahr über verfügbar. Eine Zutat mit Vielfalt und Charakter.

Aufbau des Buches

Das Buch gliedert sich in vier Hauptkapitel. Ein Kapitel mit leichten Salaten und Gerichten, die Sie als Hauptgericht mit ein wenig Fleisch oder Fisch als Beilage kombinieren können. Dann kommt ein Kapitel mit etwas gehaltvolleren Salaten und Gerichten, die für sich genommen schon eine sättigende Mahlzeit darstellen. Im dritten Kapitel finden Sie Salate und Gerichte für Feiertage, besondere Gelegenheiten und Stunden, zu denen wir uns gerne mit vielen Menschen um den Tisch versammeln. Etwas ganz Neues ist das recht ausführliche Kapitel für diejenigen von Ihnen, die Snacks, Eingelegtes und Proviant für unterwegs mögen.

Unter jedem Gemüsegericht sehen Sie Symbole der Beilagen, die ich selbst dazu essen würde. Symbole für Fisch, Geflügel, Schwein, Lamm, Rind und Wild.

Außerdem sehen Sie Symbole für die Kohlsorte oder -sorten, die ich im Gericht verarbeitet habe.

Blumenkohl Brokkoli Kohlrabi Grünkohl Weißkohl Kohlrüben

Palmkohl Romanesco Rosenkohl Rotkohl Wirsing Spitzkohl

Am Ende des Buches finden Sie vier vollständige Register, die Ihnen im täglichen Gebrauch die Suche erleichtern. Sie können nach einer bestimmten Zutat suchen und finden alle Gerichte, in denen diese Zutat verarbeitet wird, oder Sie können nach dem Rezepttitel suchen. Außerdem gibt es ein Register zu den vier Kapiteln sowie eine Auflistung der Gerichte sortiert nach Fleisch- oder Fischbeilagen.

Alle Rezepte sind – wenn nichts anderes angegeben ist – für vier Personen kalkuliert.

Roher geschnittener Kohl
In Zitrone pochierter Kohl
Kohl in Barbecuemarinade
Kohl, in grobe Stücke gebrochen
Gegrillter Kohl
Fermentierter Kohl
Marinierter, geriebener Kohl

So bereiten Sie Kohl zu

Wenn Sie eine Zutat verarbeiten, ändert sie ihren Charakter und ihren Geschmack. Das ist auch beim Kohl der Fall. Als ich zum ersten Mal gebackenen Blumenkohl probierte, war ich verloren. Die Süße, die den Gaumen traf, war beinahe eine Offenbarung. Das gleiche passierte bei rohem, mariniertem Grünkohl. Er lässt auch die kritischsten Kohl-Stimmen verstummen und stattdessen ihre Teller noch voller laden. Roher Kohl ohne Liebe ist dagegen eine eher unerfreuliche Geschichte. Die Bitterstoffe im Kohl schreien geradezu nach Süße und Säure, sonst wird das Ganze unansehnlich und langweilig. Es ist daher wichtig, dass Sie Kohl immer zubereiten und mit den fünf Geschmacksrichtungen arbeiten.

Im Buch spiele ich mit allen möglichen Zubereitungsarten. Ich mariniere, brate, backe, grille, sautiere, lege ein, fermentiere, schmore, blanchiere und dämpfe. Das einzige, worauf ich keine Zeit verschwende, ist, den Kohl auszukochen. Denn das zerstört sowohl den Geschmack als auch seine Konsistenz. Und Sie berauben die Zutat ihrer Intensität. Werfen Sie einen Blick ins Buch und lassen Sie sich inspirieren. Und dann stürzen Sie sich auf neue Zubereitungsarten und Kompositionen ganz nach Lust und Laune.

Die Leichten

Die leichten Gerichte sind meist Alltagssalate und einfache Gerichte. Ich verwende sie als Hauptbestandteile in meinen Mahlzeiten – häufig mit ein wenig Fleisch oder Fisch als Beilage. Die meisten Rezepte lassen sich relativ schnell zubereiten und sind ganz einfach.

Tomatensalat mit senfmariniertem Blumenkohl und Feta

½ Blumenkohl
1 Kohlrabi (oder Winterrettich)
350 g bunte Tomaten
10 Zuckerschoten
1 rote Zwiebel
100 g Feta
1 kleine Handvoll Erbsensprossen oder ein paar abgezupfte Kräuter

SENFMARINADE

¾ EL Senfpulver
2 EL Olivenöl
2 EL Apfelessig

DRESSING MIT APFELESSIG

50 ml Apfelessig
150 ml Olivenöl
Meersalz und Pfeffer aus der Mühle

Den Blumenkohl vom Strunk befreien und in kleine Röschen teilen. Dabei die kleinen Blätter am Strunk zum Garnieren aufheben.

SENFMARINADE: Zutaten für die Marinade verrühren, mit den Blumenkohlröschen in einen Gefrierbeutel füllen, schütteln und im Kühlschrank mindestens eine Stunde ziehen lassen.

Kohlrabi schälen und fein würfeln. Tomaten je nach Größe halbieren oder vierteln. Zuckerschoten längs in Streifen schneiden. Die rote Zwiebel schälen und in feine Streifen schneiden. Feta in unregelmäßige Stücke zerbröseln.

DRESSING MIT APFELESSIG: Zutaten für das Dressing verrühren.

Tomaten, marinierten Blumenkohl, Zwiebel, Zuckerschoten und Kohlrabi mit dem Dressing vermengen und zum Schluss mit den kleinen Blumenkohlblättern darauf anrichten. Mit Feta bestreuen und mit Erbsensprossen oder klein gezupften Kräutern garnieren.

Spitzkohl mit Birnen und Bacon

2 EL kalt gepresstes Olivenöl zum Braten
8 dünne Scheiben gepökelter Bacon
1 großer Spitzkohl (gerne lila)
3 Birnen
1 Handvoll Dill

DRESSING MIT GROBEM SENF
2 EL körniger Senf
½ TL flüssiger Honig
1 EL fein geriebene Schalotten
50 ml Weißweinessig (oder weißer Balsamico)
Meersalz und Pfeffer aus der Mühle
150 ml kalt gepresstes Olivenöl

In einer Pfanne etwas kalt gepresstes Olivenöl erhitzen und die Baconscheiben braten, bis sie goldgelb und knusprig sind, etwa 3–4 Minuten von jeder Seite. Aus der Pfanne nehmen und auf einem Stück Küchenpapier abtropfen lassen.

Die äußeren Blätter des Spitzkohls abziehen, den Strunk abschneiden. Kohl in kleinere Stücke brechen. Birnen in Spalten schneiden und Kerngehäuse entfernen. Dillzweige abzupfen.

DRESSING MIT GROBEM SENF: Senf, Honig, Schalotten, Essig, Salz und Pfeffer verrühren und nach und nach unter Rühren etwas Öl hinzugeben, bis das Dressing andickt. Mit Salz und Pfeffer abschmecken – es sollte recht säuerlich sein.

Kohl und Birnenspalten mit dem Dressing vermengen. Auf einem Teller anrichten und den Salat mit den Baconscheiben und Dillzweigen anrichten.

Krautsalat für jeden Tag

½ Knollensellerie (den Rest für eine Suppe oder Saft aufheben)
1 kleiner Spitzkohl
50 g Pinienkerne
1 kleines Bund Petersilie (oder den Blattansatz der Sellerieknolle)
10 getrocknete Aprikosen
2 Äpfel
ggf. Saft von 1 Zitrone

DRESSING FÜR JEDEN TAG
4 EL Apfelessig
2 EL flüssiger Honig
Meersalz und Pfeffer aus der Mühle
2 EL kalt gepresstes Olivenöl

Sellerieknolle schälen und halbieren. Mit einem Spiralschneider oder auf einer Mandoline zu dünnen Julienne verarbeiten (es geht auch mit einer normalen Reibe oder einer Küchenmaschine). Spitzkohl längs halbieren und mit einem scharfen Messer oder auf der Mandoline fein aufschneiden.

DRESSING FÜR JEDEN TAG: Apfelessig, Honig, Salz und Pfeffer vermischen und nach und nach das Öl unterrühren.

Das Gemüse im Dressing wenden und ein paar Stunden in einem luftdichten Behälter ziehen lassen.

In einer trockenen Pfanne die Pinienkerne rösten, bis sie Farbe annehmen. Die Hälfte der Petersilie- oder Sellerieblätter abzupfen.

Mit einer Schere die getrockneten Aprikosen in Streifen schneiden. Äpfel in dünne Spalten schneiden, Kerngehäuse entfernen. Pinienkerne, Aprikosen, Äpfel und gezupfte Petersilie unter den Salat heben und das Ganze abschmecken. Ggf. etwas mehr Apfelessig oder Zitronensaft hinzufügen, falls es an Säure fehlt. Salat anrichten und mit frischen Petersilienblättern und Pinienkernen garnieren.

Brokkoli in Apfelmarinade mit Sesam und schnell eingelegten roten Zwiebeln

2 Brokkoli
70 g Sesam
2 Äpfel
Saft von ½ Zitrone
2 EL schnell eingelegte rote Zwiebeln (Rezept S. 23)
1 Handvoll Kerbel (oder ein anderes Kraut nach Geschmack)

APFELMARINADE
Saft von ½ Zitrone
3 EL Apfelessig
3 EL kalt gepresstes Olivenöl
1 TL flüssiger Honig

SESAMDRESSING
4 EL Sesamöl
Saft von 1 Zitrone
1 EL flüssiger Honig
Meersalz und Pfeffer aus der Mühle

Brokkoli von Blättern und Strunk befreien. Strunk schälen und in dünne Scheiben schneiden. Den Kopf in kleine Röschen zerteilen.

APFELMARINADE: Zutaten für die Marinade verrühren und diese mit den Brokkolistücken in einen Gefrierbeutel geben. Im Kühlschrank eine Stunde marinieren. So bekommt der Brokkoli sehr schnell ein schön säuerliches Aroma. Außerdem neutralisieren Sie so etwas den bitteren Kohlgeschmack.

In einer trockenen, heißen Pfanne den Sesam rösten, bis er Farbe annimmt und zu „poppen" beginnt. Auf einem Stück Backpapier abkühlen lassen. Äpfel in dünne Spalten schneiden, Kerngehäuse entfernen und Zitrone über den Apfelspalten auspressen.

SESAMDRESSING: Sesamöl, Zitronensaft und Honig gründlich verrühren und mit Salz und Pfeffer abschmecken.

Marinierten Brokkoli, Apfelspalten, ein wenig gerösteten Sesam und die eingelegten Zwiebeln mit dem Sesamdressing vermengen und auf einer Platte anrichten.

Mit dem restlichen Sesam und abgezupften Kräutern garnieren – hier habe ich Kerbel verwendet.

Schnell eingelegte rote Zwiebeln

SCHNELL EINGELEGTE ROTE ZWIEBELN
100 ml Wasser
100 ml Apfelessig
90 g Rohrzucker
2 rote Zwiebeln

SCHNELL EINGELEGTE ROTE ZWIEBELN: Wasser, Apfelessig und Zucker in einen Topf geben und erhitzen, bis der Zucker geschmolzen ist. Rote Zwiebeln schälen und längs in feine Streifen schneiden. Zwiebelstreifen in ein Glas geben und mit der warmen Flüssigkeit begießen. Mindestens eine Stunde ziehen lassen.

TIPP: Am besten bereiten Sie die Zwiebeln am Vortag zu und stellen sie in den Kühlschrank. Die eingelegten Zwiebeln passen zu fast allen Salaten, auf ein Sandwich oder einen Hotdog.

TIPP: Sesamöl lässt sich hervorragend für Dressings, Mayonnaisen oder asiatische Nudelsalate verwenden.

Gegrillter Brokkoli mit Eiercreme

2 kleine Brokkoli
4 EL kalt gepresstes Olivenöl
evtl. Pfeffer aus der Mühle

EIERCREME
3 Eier
1 Handvoll Dillzweige
300 g Crème legère
Saft von ½ Zitrone
Meersalz und weißer Pfeffer aus der Mühle

Das holzige Ende des Brokkolistrunks und die Rinde abschneiden. Brokkoliköpfe längs von oben nach unten halbieren und auf der Schnittfläche mit Olivenöl einpinseln. Eine Grillpfanne stark erhitzen und die Brokkoli-Stücke auf der Schnittfläche 6–8 Minuten grillen, am besten zugedeckt. In der Grillpfanne oder auf dem Grill liegen lassen und nicht zu viel bewegen, damit Sie ein schönes Grillmuster erhalten.

EIERCREME: Eier 9 Minuten kochen, abkühlen lassen und fein hacken. Dill fein hacken, ein paar ganze Zweige zum Garnieren aufheben. Crème legère in eine Schüssel geben und gehackten Dill, Eier und Zitronensaft unterheben. Mit Salz und Pfeffer aus der Mühle abschmecken.

Brokkolistücke anrichten und evtl. mit Pfeffer würzen. Eiercreme dazu servieren.

Kartoffelsalat mit Kohlrabi, Radieschen und jungen Erbsen

600 g neue Kartoffeln
1 Kohlrabi (oder Winter-rettich)
6 Radieschen mit Blättern
100 g junge Erbsen (ausgepalte Menge)
1 Bund Schnittlauch (evtl. Schnittlauchblüten zum Garnieren)

SENFVINAIGRETTE
2 EL körniger Senf
50 ml weißer Balsamico
Meersalz und Pfeffer aus der Mühle
150 ml Olivenöl

Kartoffeln schälen und in einen Topf mit leicht gesalzenem Wasser geben. Wasser zum Kochen bringen und die Kartoffeln 5 Minuten kochen. (Wenn Sie keine neuen Kartoffeln verwenden, müssen sie etwa 10 Minuten kochen.) Den Topf vom Herd nehmen und die Kartoffeln im Kochwasser 10–15 Minuten ziehen lassen. Mit einem Schälmesser in die Kartoffeln stechen, und wenn sie gerade vom Messer rutschen, sind sie gar. Wasser abgießen und die Kartoffeln in einem Durchschlag abtropfen lassen. Es ist wichtig, dass sie „ausdampfen“ dürfen und nicht mit kaltem Wasser abgeschreckt werden, denn nur so erhalten sie die perfekte, feste Konsistenz.

Kohlrabi schälen und fein würfeln. Radieschen längs halbieren; die Blattansätze können Sie gerne dranlassen. Erbsen auspalen.

SENFVINAIGRETTE: Senf, Balsamico, Salz und Pfeffer verrühren und nach und nach Olivenöl unterrühren, dabei das Öl in einem dünnen Strahl zugießen, bis die Vinaigrette andickt. Das Dressing abschmecken, es darf ruhig säuerlich sein. Kartoffeln vierteln und mit Radieschen, Kohlrabi und Erbsen vermengen. Zum Schluss mit Schnittlauch garnieren.

Rosenkohl und Wurzelgemüse in Sesam

Dieser Salat sollte lauwarm serviert werden. Er ist einfach und macht satt. Sie können ihn im Prinzip mit allen Gemüsesorten zubereiten. Eine gute Möglichkeit also, Reste aufzubrauchen. Ich vermenge das Gemüse mit einer Mischung aus Olivenöl und Balsamico – das verleiht dem Gemüse gleichzeitig Süße und Säure und passt gut zum gerösteten Sesam. Hier habe ich Rosenkohl, Rote Bete und Möhren genommen. Genauso gut aber geht es mit Pastinaken, Petersilienwurzel, Kohlrabi, Schwarzwurzel, Kohlrüben und Knollensellerie.

20 Rosenkohlröschen
4 Rote Beten
4 Möhren
3 EL kalt gepresstes Olivenöl
3 EL dunkler Balsamico
Meersalz und Pfeffer aus der Mühle
2 EL Sesam
100 g Feta
Kräuter, z.B. Oregano und Dill
frischer Bio-Zitronenabrieb

Rosenkohl vom Strunk befreien und die äußeren Blätter entfernen. Rote Beten und Möhren schälen und würfeln. Olivenöl mit Balsamico verrühren und mit reichlich Salz und Pfeffer würzen. Alle Gemüsesorten getrennt voneinander in einer Schüssel in der Marinade wenden und mit Sesam bestreuen. Gemüse in eine feuerfeste Form geben, nach Geschmack mit noch mehr Sesam bestreuen.

Bei 200 °C Ober- und Unterhitze 25–30 Minuten backen. Salat mit zerbröseltem Feta und frischen Kräutern bestreuen und lauwarm servieren. Ein wenig frisch abgeriebene Zitronenschale verleiht ihm noch mehr Pepp.

TIPP: Der Salat eignet sich auch für größere Gesellschaften, weil Sie den Kohl und das Wurzelgemüse am Vortag vorbereiten können.

Blumenkohl mit Grünkohlpesto und gerösteten Haferflocken

1 Blumenkohl

GRÜNKOHLPESTO
30 g Sonnenblumenkerne
150 g Grünkohl
250 ml kalt gepresstes Olivenöl
50 g Parmesan
2 Knoblauchzehen
Saft von 1 Zitrone
Meersalz und Pfeffer aus der Mühle

ZUM BESTREUEN
50 g Haferflocken
50 ml Tamari oder Sojasauce

Blumenkohl vom Strunk befreien und die äußeren Blätter entfernen. Die feinen Blätter innen zum Garnieren aufheben. Blumenkohl umdrehen, den Strunkansatz nach oben, und kleine Röschen abschneiden, indem Sie mit einem Schälmesser am Ansatz entlang schneiden.

GRÜNKOHLPESTO: In einer trockenen Pfanne Sonnenblumenkerne rösten, bis sie goldbraun sind und duften. Abkühlen lassen. Grünkohl fein hacken. Sonnenblumenkerne mit Olivenöl, Parmesan, geschältem Knoblauch, Grünkohl, Zitronensaft, Salz und Pfeffer im Mixer zerkleinern. Abschmecken nicht vergessen – das Pesto sollte säuerlich sein. Blumenkohlröschen mit der Hälfte des Grünkohlpestos vermengen.

ZUM BESTREUEN: In einer trockenen, heißen Pfanne die Haferflocken ca. 6 Minuten rösten, bis sie Farbe annehmen. Dann die Pfanne vom Herd nehmen und die Haferflocken unter Rühren mit Tamari oder Sojasauce begießen. Haferflocken abkühlen lassen, damit sie schön knusprig werden. Blumenkohlröschen mit Blättern auf Tellern anrichten und mit gerösteten Haferflocken bestreuen.

TIPP: Das restliche Pesto können Sie für ein Sandwich, auf gebratenem Fisch oder zu einer Portion Nudeln essen.

Gebratener Rosenkohl mit Senf und Zitronenschale

600 g Rosenkohl
50 ml kalt gepresstes Olivenöl
Meersalz und Pfeffer aus der Mühle
Schale von 1 Bio-Zitrone
1 Bund Dill
70 g Haselnüsse

SENFVINAIGRETTE
2 EL körniger Senf
50 ml weißer Balsamico
Meersalz und Pfeffer aus der Mühle
150 ml Olivenöl

Rosenkohl putzen, dazu Strünke abschneiden und die äußersten Blätter entfernen. Anschließend halbieren. In einer Grillpfanne (oder normalen Pfanne) Olivenöl erhitzen und den Rosenkohl 15 Minuten bei gleichmäßiger Hitze auf der flachen Seite braten. Er darf gerne am Rand leicht braun werden, sollte aber immer noch Biss haben. Zwischendurch mit etwas Salz und Pfeffer würzen.

Zitronenschale fein reiben. Dill abzupfen. In einer trockenen Pfanne Haselnüsse rösten, bis die braune Haut abzufallen beginnt. Abkühlen lassen, die restliche Haut mit einem sauberen Küchenhandtuch abrubbeln und die Nüsse grob hacken.

SENFVINAIGRETTE: Senf, Balsamico, Salz und Pfeffer verrühren. Danach Olivenöl nach und nach unterrühren. Dabei das Öl in einem dünnen Strahl zugießen, bis das Dressing andickt. Dressing mit Salz und Pfeffer abschmecken,

Den lauwarmen Rosenkohl mit dem Zitronenabrieb in der Senfvinaigrette wenden und mit Nüssen und Dill anrichten.

TIPP: Ich serviere den Salat lauwarm, aber natürlich können Sie ihn auch kalt essen.

Rotkohl und Rote Bete in Kokos

½ Rotkohl
3 Rote Beten
2 Äpfel
1 Mango
1 Handvoll frische Minze (oder Koriander)

KOKOSDRESSING
30 g Kokoschips
50 ml dunkler Balsamico
1 EL Dijonsenf
Meersalz und Pfeffer aus der Mühle
100 ml Olivenöl

Rotkohl vom Strunk befreien, die äußeren Blätter entfernen und den Kohl halbieren. Von einer Hälfte die Blätter lösen und in kleine Stücke brechen. Rote Beten schälen und in sehr dünne Scheiben schneiden, entweder auf einer Mandoline oder mit einem Kartoffelschäler. Äpfel in Spalten schneiden und Kerngehäuse entfernen. Mango schälen, Fruchtfleisch entlang des Steins abschneiden und in Spalten schneiden.

KOKOSDRESSING: Kokoschips bei 175 °C Ober- und Unterhitze im Ofen ca. 5–7 Minuten backen, bis sie leicht goldgelb sind. Dann herausnehmen und abkühlen lassen. Die Hälfte der gebackenen Kokoschips mit Balsamico, Dijonsenf, Salz und Pfeffer mit einem Stabmixer in einem hohen Gefäß pürieren, bis die Kokoschips zerkleinert sind. Weiter pürieren, während Sie das Olivenöl nach und nach hinzufügen. Dabei das Öl in einem dünnen Strahl zugießen, bis das Dressing andickt. Dressing abschmecken – es sollte recht säuerlich sein.

Rotkohl, Rote Bete, Mango- und Apfelspalten mit dem Dressing vermengen und den Salat anrichten. Mit dem Rest der gebackenen Kokoschips und gehackter Minze garnieren.

Barbecue-Blumenkohl mit marmorierter Kräutercreme

1 großer Blumenkohl
1 Handvoll Kräuter (hier Minze und Dill)
35 g ganzer Schwarzkümmel

BARBECUEMARINADE
1 TL Cayennepfeffer
3 TL Paprikapulver
2 TL Muscovadozucker (oder brauner Farinzucker)
1 TL Chiliflocken
1 TL Kreuzkümmel
2 EL Meersalz
Pfeffer aus der Mühle
2 Knoblauchzehen
50 ml Olivenöl

MARMORIERTE KRÄUTERCREME
1 Handvoll gehackte Kräuter (hier Minze und Dill)
50 ml kalt gepresstes Olivenöl
300 ml Naturjoghurt oder Dickmilch
Meersalz und Pfeffer aus der Mühle

BARBECUEMARINADE: Gewürze für die Barbecuemarinade mischen, Knoblauchzehen hineinpressen, Olivenöl hinzufügen und das Ganze zu einer glatten Marinade pürieren.

Vom Blumenkohl die äußersten Blätter wegnehmen und den ganzen Kopf mit der Marinade einpinseln. Blumenkohl im Ofen bei 225 °C Ober- und Unterhitze 25–35 Minuten backen. Dann herausnehmen und abkühlen lassen.

KRÄUTERCREME: Kräuter mit Olivenöl pürieren, bis das Öl warm ist und knallgrün. Es dauert ein paar Minuten, bis das Öl warm ist und Farbe annimmt. Kräuteröl herunterkühlen. Joghurt in eine Schüssel füllen und mit Salz und Pfeffer würzen. Kräuteröl zum Joghurt geben und mit einem Löffel ein paar Mal unterheben, die Creme muss keine glatte Konsistenz haben, sondern darf marmoriert sein.

Blumenkohl mit den Strunkansatz nach unten auf einer Platte anrichten und die Kräuter drumherum verteilen. Etwas Kräutercreme über den Blumenkohl träufeln und den Rest in einer Schüssel dazu reichen. Zum Schluss mit Schwarzkümmel garnieren.

TIPP: Besonders lecker als vegetarisches Gericht.

Regenbogen-Rohkost mit Heidelbeeren

½ lila Spitzkohl
½ grüner Spitzkohl
3 Möhren (gerne bunte)
2 Orangen
60 g Heidelbeeren
1 Schachtel Erbsensprossen
(oder glatte Petersilie)

BALSAMICODRESSING
50 ml weißer Balsamico
150 ml Olivenöl
Meersalz und Pfeffer aus
der Mühle

Beide Spitzkohlsorten in feine Stücke brechen. Möhren schälen und auf einer Mandoline oder mit einem Kartoffelschäler zu langen, hauchdünnen Streifen verarbeiten. Orangen schälen und filetieren, indem Sie das Fruchtfleisch zwischen den weißen Häutchen herausschneiden.

BALSAMICODRESSING: Zutaten für das Dressing verrühren.

Gemüse und Früchte mit dem Dressing mischen und den Salat anrichten. Mit einigen zusätzlichen Heidelbeeren und frischen Erbsensprossen garnieren.

Rotkohl mit gegrillten Mandarinen

½ Rotkohl
5 Bio-Mandarinen (oder Bio-Orangen)
10 getrocknete Feigen
100 g Paranüsse
60 g getrocknete Kirschen (oder Moosbeeren)

DRESSING MIT SHERRY-ESSIG
100 ml Sherryessig (oder dunkler Balsamico)
1 TL Dijonsenf
Meersalz und Pfeffer aus der Mühle
200 ml kalt gepresstes Olivenöl

Rotkohl vom Strunk und von den äußeren groben Blättern befreien. Rotkohl entweder mit einem scharfen Messer oder auf einer Mandoline in feine Streifen schneiden.

Mandarinen mit Schale in 1 cm dicke Scheiben schneiden. In einer Grillpfanne oder auf dem Grill 4–5 Minuten auf jeder Seite braten, bis sie Farbe angenommen haben und süß duften. Auf einem Stück Backpapier abkühlen lassen.

Feigen in würfelgroße Stücke schneiden. Paranüsse grob hacken und in einer trockenen Pfanne rösten, bis sie Farbe annehmen und duften.

DRESSING MIT SHERRYESSIG: Sherryessig, Senf, Salz und Pfeffer verrühren und nach und nach Olivenöl unterrühren. Öl in einem dünnen Strahl zugießen, bis das Dressing andickt.

Kohl, Kirschen, Feigen und Paranüsse mit dem Dressing mischen. Auf einer Platte zunächst die Mandarinen flach anordnen, darauf dann den Salat anrichten. Ich esse die Mandarinen mit Schale – sie sind säuerlich und bitter zugleich und bilden einen angenehmen Gegenpol zu den süßen Kirschen. Auch als Proviant für den nächsten Tag eignet sich der Salat gut.

Gegrillter Spitzkohl mit Lauchpesto und Erdnüssen

1 großer, fester Spitzkohl
50 ml kalt gepresstes Olivenöl
Meersalz und Pfeffer aus der Mühle
Kräuter oder getrocknete Blüten (hier Kornblumen)
1 Handvoll gesalzene Erdnüsse zum Garnieren

LAUCHPESTO
1 Stange Lauch (der grüne Teil)
50 ml kalt gepresstes Olivenöl
Meersalz und Pfeffer aus der Mühle
Saft von 1 Zitrone
40 g Parmesan
75 g gesalzene Erdnüsse

Spitzkohl vom Strunk und den äußeren Blättern befreien und mit einem scharfen Messer längs vierteln. Mit Olivenöl bepinseln, mit Salz und Pfeffer würzen und bei großer Hitze auf dem Grill oder in der Grillpfanne von jeder Seite 4–6 Minuten grillen.

LAUCHPESTO: Den grünen Teil des Lauchs abschneiden und mit Olivenöl, Salz, Pfeffer, Zitronensaft und frisch geriebenem Parmesan mixen. Zum Schluss Erdnüsse hinzufügen und zu einer glatten Masse pürieren. Pesto abschmecken, es sollte eine kräftige Note haben.

Spitzkohlviertel mit etwas Pesto, Kräutern, essbaren Blüten und grob gehackten Erdnüssen anrichten. Restliches Pesto dazu servieren. Das Pesto schmeckt sehr intensiv, weil der grüne Lauchteil verwendet wird. Soll es etwas milder sein, können Sie die Hälfte des Lauchs durch ein großes Bund Petersilie ersetzen.

TIPP: Der Salat passt gut zu einer gegrillten Wurst oder Hähnchen.

5 KRAUTSALAT-VARIANTEN

Asiatischer Krautsalat mit Äpfeln und Goma

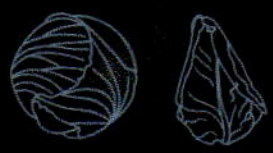

¼ Weißkohl
1 lila Spitzkohl
2 Äpfel
75 g gesalzene Erdnüsse
1 Handvoll glatte Petersilie

GOMADRESSING
200 g Sesam
8 EL Apfelessig
100 ml Sojasauce oder Tamari
5 TL flüssiger Honig
200 ml Apfelsaft
12 EL Sesamöl
Saft von 2 Limetten

Weißkohl und Spitzkohl vom Strunk und den äußeren Blättern befreien. Weißkohl auf einer Mandoline sehr fein schneiden. Spitzkohl in feine Streifen schneiden. Äpfel in Spalten schneiden und Kerngehäuse entfernen.

GOMADRESSING: In einer trockenen Pfanne Sesam rösten, bis er leicht gebräunt ist. Abkühlen lassen, dann mit Apfelessig, Sojasauce, Honig, Apfelsaft und Sesamöl mixen. Zum Schluss Limettensaft hinzufügen, bis das Dressing eine schöne Säure hat.

Gemüse, Äpfel und Erdnüsse mit 100 ml des Dressings mischen. Den Rest für einen anderen Tag aufheben. Salat anrichten und mit kleinen Apfelspalten, Erdnüssen und ganzen Petersilienblättern garnieren.

TIPP: Der Salat passt sehr gut zu gegrillten Schweinelendchen oder zu Lachs mit Zitrone und Kräutern aus dem Ofen.

Coleslaw mit Meerrettich

Krautsalat mit Rucola und Cashewkernen

Winterslaw

½ Wirsing
2–3 Birnen
3 Stangen Staudensellerie
65 g Mandeln
1 Bund Petersilie

WINTERSLAW-DRESSING
1 Schalotte
1 EL kleine Kapern
½ EL scharfer Senf
½ EL Sherryessig (oder Weinessig)
½ TL flüssiger Honig
Meersalz und Pfeffer aus der Mühle
100 ml kalt gepresstes Olivenöl

Wirsing vom Strunk befreien, die äußeren Blätter entfernen und den Kohl in feine Streifen schneiden. Birnen in Spalten schneiden und Kerngehäuse entfernen. Sellerie in dünne Scheiben schneiden.

In einer trockenen Pfanne die Mandeln rösten, bis sie Farbe annehmen. Anschließend abkühlen lassen. Petersilie waschen und abzupfen.

WINTERSLAW-DRESSING: Schalotte schälen und fein hacken. Kapern, Senf, Sherryessig, Honig sowie Salz und Pfeffer mixen. Schalotte zugeben und das Olivenöl nach und nach unterrühren. Mit Salz und Pfeffer abschmecken.

Gemüse mit dem Dressing mischen und anrichten. Mit gerösteten Mandeln und einigen ganzen Petersilienblättern garnieren.

TIPP: Der Salat passt gut zu Frikadellen oder Hähnchenschenkeln, dazu ein Chutney oder Relish.

Rauchiger Coleslaw

4 Grünkohlblätter (hier lila)
3 Möhren
50 g ungesalzene Cashewkerne
Kräuter (hier Koriander)

DRESSING FÜR RAUCHIGEN COLESLAW
100 g ungesalzene Cashewkerne
2 große Datteln (Medjool)
1 TL Rauchpaprikapulver
200 ml Dickmilch
Saft von 1 Zitrone
Meersalz und weißer Pfeffer aus der Mühle

Grünkohlblätter von Stielen befreien und fein hacken. Möhren schälen und auf einer Mandoline in feine Julienne schneiden.

DRESSING FÜR RAUCHIGEN COLESLAW: In einer trockenen Pfanne die Cashewkerne rösten, bis sie leicht gebräunt sind. Abkühlen lassen, anschließend in einem Mixer oder mit einem Wiegemesser zu einer gleichmäßigen körnigen Masse zerkleinern. Datteln entsteinen. Rauchpaprika, Datteln, Dickmilch, Zitronensaft sowie etwas Salz und Pfeffer hinzufügen und zu einem Dressing verrühren. Eventuell mit mehr Zitronensaft abschmecken. Das Dressing sollte rauchig schmecken, jedoch mit einem süßlichen und säuerlichen Pfiff.

Cashewkerne für den Salat ebenfalls in einer trockenen Pfanne rösten. Fein gehackten Grünkohl und Möhrenjulienne mit dem Dressing mischen und mit ein paar Kräutern und gerösteten Cashewkernen garnieren.

TIPP: Servieren Sie den Salat zu Kalbsbraten, gegrilltem Huhn oder würzigem Pulled Pork.

Coleslaw mit Meerrettich

½ großer Weißkohl
4 große Möhren

COLESLAW-DRESSING MIT PEPP
4 EL weißer Balsamico
2–3 TL Rohrzucker
½ TL zerstoßener Koriander
150 g Crème légère
Meersalz und weißer Pfeffer aus der Mühle
1 EL frisch geriebener Meerrettich (oder Wasabi)

Weißkohl vom Strunk befreien, die äußeren Blätter entfernen und den Kohl fein schneiden. Möhren auf einer Mandoline zu Julienne verarbeiten.

COLESLAW-DRESSING MIT PEPP: Balsamico, Zucker und zerstoßenen Koriander verrühren, bis der Zucker sich aufgelöst hat. Crème legère unterrühren und das Dressing mit Salz und Pfeffer abschmecken. Es darf gerne säuerlich sein. Frisch geriebenen Meerrettich hinzufügen.

Dressing mit dem Gemüse vermengen und anrichten.

TIPP: Der Salat passt hervorragend zu gegrillten Würstchen oder Pulled Pork.

Krautsalat mit Rucola und Cashewkernen

½–¾ Weißkohl
75 g ungesalzene Cashewkerne
2 Birnen
1 Schale Rucola

WASABI-COLESLAW-DRESSING
50 ml weißer Balsamico
150 ml kalt gepresstes Olivenöl
1–2 EL Wasabipaste
Meersalz und weißer Pfeffer aus der Mühle

Weißkohl vom Strunk befreien, die äußeren Blätter entfernen und den Kohl halbieren. Dann fein aufschneiden, zunächst nur eine Hälfte. Prüfen Sie, ob die Menge ausreicht, sonst noch etwas zugeben. In einer trockenen Pfanne Cashewkerne rösten, bis sie Farbe annehmen. Anschließend abkühlen lassen. Birnen in Spalten schneiden und Kerngehäuse entfernen.

WASABI-COLESLAW-DRESSING: Balsamico, Olivenöl und Wasabi verrühren und das Dressing mit Salz und Pfeffer abschmecken. Es sollte säuerlich und scharf sein.

Weißkohl, Rucola, Birnen und Cashewkerne mit dem Dressing vermengen. Als Turm auf einer Platte anrichten.

TIPP: Ich esse den Salat zu Lachs aus dem Ofen oder einem gegrillten Schweinelendchen.

Sommerspitzkohl mit Avocado, Erdbeeren und Holunderblütendressing

1 Spitzkohl
1 Schale Erdbeeren
2 Avocados
65 g Mandeln
1 Handvoll Kräuter (hier Erbsensprossen)

HOLUNDERBLÜTEN-DRESSING
50 ml Holunderblütenessig
1 TL flüssiger Honig
100 ml kalt gepresstes Olivenöl
Meersalz und Pfeffer aus der Mühle

Spitzkohl vom Strunk befreien, die äußeren Blätter entfernen und den Kohl quer halbieren. Kohl fein schneiden. Erdbeeren putzen und halbieren. Avocados halbieren, entsteinen und das Fruchtfleisch längs in Spalten schneiden. Mandeln grob hacken und in einer trockenen Pfanne rösten, bis sie Farbe annehmen und leicht rauchen. Abkühlen lassen.

HOLUNDERBLÜTENDRESSING: Holunderblütenessig mit Honig und Olivenöl verrühren, bis sich der Honig aufgelöst hat. Dressing mit Salz und Pfeffer abschmecken, dann mit dem Kohl, zwei Dritteln der Erdbeeren, Avocados und Mandeln mischen und den Salat anrichten. Mit den übrigen Erdbeeren, Mandeln, Avocadospalten und ein paar Erbsensprossen garnieren.

TIPP: Der Salat ist genau das Richtige für ein Sommerbuffet.

Blumenkohl-Taboulé mit Kräutern

2 kleine Blumenkohlköpfe
1 Salatgurke
1 Bund Radieschen
2 Frühlingszwiebeln
2 Avocados
Zitronensaft
1 Handvoll Koriander
1 Handvoll glatte Petersilie
1 Handvoll Minze
80 g Pinienkerne

TABOULÉ-DRESSING
1 Knoblauchzehe
Saft von 1 Zitrone
75 ml kalt gepresstes Olivenöl
Meersalz und Pfeffer aus der Mühle

Blumenkohlköpfe vom Strunk befreien, die äußeren Blätter entfernen und die Kohlköpfe halbieren. 4 Blumenkohlviertel in der Küchenmaschine zerkleinern, bis sie ungefähr die Größe von Reiskörnern haben. Dann den Vorgang mit den restlichen Blumenkohlvierteln wiederholen.

Salatgurke längs halbieren und mit einem Teelöffel die Kerne herauskratzen. Gurkenhälften sehr fein würfeln. Radieschen putzen und längs in dünne Scheiben schneiden. Bei den Frühlingszwiebeln die Wurzeln abschneiden und die Stangen in dünne Scheiben schneiden. Avocados halbieren und entsteinen. Fruchtfleisch klein würfeln und etwas Zitronensaft darüber auspressen. Kräuter sehr fein hacken. In einer trockenen Pfanne die Pinienkerne rösten und abkühlen lassen.

TABOULÉ-DRESSING: Knoblauch pressen und mit Zitronensaft und Olivenöl verrühren. Mit etwas Salz und Pfeffer würzen. Zerkleinerten Blumenkohl mit Gemüse, Kräutern und Dressing mischen. Anrichten und mit Pinienkernen und evtl. ein paar ganzen Kräuterblättern garnieren.

Weißkohl in Orangenmarinade mit Tamari-Mandeln

½ Weißkohl
5 Bio-Orangen
3 Äpfel
50 ml weißer Balsamico
50 ml kalt gepresstes Olivenöl
Meersalz und Pfeffer aus der Mühle
1 Topf Brunnenkresse (oder ein anderes Kraut)

TAMARI-MANDELN
65 g Mandeln
50 ml Tamari oder Sojasauce

TIPP: Der Salat sollte sofort gegessen werden, da die Mandeln sonst abfärben.

Weißkohl vom Strunk befreien und auf einer Mandoline in sehr feine Streifen schneiden. Schale von zwei der Orangen abreiben und den Saft auspressen. Kohl in einen Gefrierbeutel füllen und Orangensaft und -schale hinzufügen. Beutel verschließen, schütteln und über Nacht, mindestens aber 12 Stunden in den Kühlschrank legen. Durch diese Art des Marinierens wird der Kohl weich.

TAMARI-MANDELN: In einer trockenen Pfanne Mandeln rösten, bis sie leicht gebräunt sind. Dann die Pfanne vom Herd nehmen und die Mandeln unter Rühren mit Tamari begießen. Die Flüssigkeit verdampft sehr schnell. Mandeln auf ein Stück Backpapier geben und vollständig abkühlen lassen. Erst wenn sie vollständig abgekühlt sind, werden sie knusprig.

Äpfel vierteln, Kerngehäuse herausschneiden und die Äpfel in größere Würfel schneiden. Bei den restlichen Orangen oben und unten die Schale abschneiden und sie auf die Schnittfläche stellen. Mit dem Messer die Orangen schälen. Filets mit einem scharfen Messer entlang der weißen Häutchen herausschneiden.

Balsamico mit Olivenöl verrühren und mit Salz und Pfeffer würzen. Weißkohl aus dem Gefrierbeutel nehmen und abtropfen lassen. Mit dem Dressing vermengen und die Apfelwürfel, Orangenfilets und die Hälfte der Mandeln unterheben. Salat anrichten und mit Mandeln und Brunnenkresse garnieren.

Waldorfsalat mit Avocadocreme

Ich halte sehr viel vom traditionellen Waldorfsalat, aber er gerät leider schnell zu fett und zu dominant. Daher habe ich eine weniger fette Variante entwickelt, bei der ich die Creme mit Avocados „erleichtere". Bei dieser Variante habe ich zwei große Scheiben Knollensellerie in Zitronensaft pochiert und den Salat darauf angerichtet, um ihm Aroma zu geben. Sie können auch den Knollensellerie in den Salat geben. Dann vorher fein würfeln und in der Pfanne braten. Für den Knuspereffekt habe ich Kohlchips genommen – sie haben sehr viel Geschmack und ergänzen den milden Waldorfsalat ganz toll. Selbstverständlich können Sie sie auch weglassen.

½ Sellerieknolle
Saft von 1 Zitrone
100 ml Wasser
Meersalz und Pfeffer aus der Mühle
2 Äpfel
2 Kohlrabi
2 Stangen Staudensellerie
50 g Pekannüsse (oder Walnüsse)

AVOCADOCREME
2 reife Avocados
3 EL Crème légère
Saft von 1 Zitrone
Meersalz und Pfeffer aus der Mühle

10 Kohlchips mit Cashewkernen (siehe S. 178)

Sellerieknolle schälen und zwei große, 2 cm dicke Scheiben abschneiden. Die Scheiben zugedeckt in einer Pfanne mit dem Saft von 1 Zitrone und 100 ml Wasser 10 Minuten pochieren, bis sie weich sind. Mit Salz und Pfeffer würzen. Äpfel vom Kerngehäuse befreien. Äpfel und Kohlrabi auf einer Mandoline, mit einem Spiralschneider oder mit einem scharfen Messer zu Julienne verarbeiten. Selleriestangen in kleine Scheiben schneiden.

AVOCADOCREME: Reife Avocados, Crème légère, Zitronensaft sowie Salz und Pfeffer pürieren.

Äpfel, Kohlrabi und Staudensellerie mit der Creme mischen. Beide Selleriescheiben in je vier Stücke schneiden und auf eine Platte legen. Den Salat mit der Avocadocreme darauf anrichten und mit Pekannüssen garnieren.

Sie können die Kohlchips entweder unter dem Salat oder dazu servieren.

Kartoffelsalat mit Blumenkohl und Rhabarber

600 g neue Kartoffeln
Salz
8 Stangen grüner Spargel
½ Blumenkohl
1 Handvoll Dill
ein paar essbare Blüten
(hier blaue Kornblumen)

SCHNELL MARINIERTER RHABARBER
2 Stangen Rhabarber
90 g Rohrzucker
100 ml Apfelcider

WEISSES BALSAMICO-DRESSING
2 TL Dijonsenf
25 ml weißer Balsamico
evtl. 1 Msp. Honig
Meersalz und Pfeffer aus der Mühle
75 ml kalt gepresstes Olivenöl

Kartoffeln schälen und in einen Topf mit Wasser und Salz geben. Wasser zum Kochen bringen und die Kartoffeln 5 Minuten kochen. (Wenn Sie keine neuen Kartoffeln verwenden, müssen sie etwa 10 Minuten kochen.) Den Topf vom Herd nehmen und die Kartoffeln im Wasser 10–15 Minuten ziehen lassen. Mit einem Schälmesser in die Kartoffeln stechen, und wenn sie gerade vom Messer rutschen, sind sie gar. Wasser abgießen und die Kartoffeln in einem Durchschlag abtropfen lassen. Es ist wichtig, dass sie „ausdampfen" dürfen und nicht mit kaltem Wasser abgeschreckt werden.

Das untere Stück der Spargelstangen abbrechen und die Stangen schräg in größere Scheiben schneiden. Die untersten Blätter vom Blumenkohl abnehmen und zum Anrichten zur Seite stellen. Blumenkohl in Röschen teilen. Dill abzupfen.

SCHNELL MARINIERTER RHABARBER: Rhabarber in feine Stücke schneiden und in ein Glas geben. Wasser, Rohrzucker und Apfelcider erhitzen, bis der Zucker sich aufgelöst hat. Die lauwarme Flüssigkeit über den Rhabarber gießen und mindestens eine halbe Stunde ziehen lassen.

WEISSES BALSAMICODRESSING: Senf, weißen Balsamico, Honig, Salz und Pfeffer verrühren. Olivenöl nach und nach unterrühren. Zunächst in einem dünnen Strahl zugießen, bis das Dressing sich setzt und andickt.

Das Gemüse mit dem Dressing vermengen, mit den feinen Blumenkohlblättern anrichten und mit Blüten und Dill dekorieren.

Lila Spitzkohl mit Blutorangen, Avocados und Walnüssen

1 lila Spitzkohl
3 Blutorangen
2 Avocados
50 g Walnüsse
1 Handvoll Estragon (oder ein anderes Kraut)

VINAIGRETTE MIT GEBACKENEM KNOBLAUCH
2 große Soloknoblauchknollen oder 8 normale Knollen
1 EL Senf
1 TL flüssiger Honig
50 ml Weißweinessig
Meersalz und Pfeffer aus der Mühle
150 ml kalt gepresstes Olivenöl

Spitzkohl vom Strunk befreien, die äußeren Blätter entfernen und den Kohl längs halbieren. Kohl in kleinere Stücke brechen. Bei den Blutorangen oben und unten die Schale abschneiden und sie auf ein Schneidebrett stellen. Mit dem Messer die Orangen von oben nach unten schälen. Mit dem Messer an den weißen Häutchen entlang Filets aus den Orangen schneiden. Avocados halbieren, entsteinen und das Fruchtfleisch in Spalten schneiden.

VINAIGRETTE MIT GEBACKENEM KNOBLAUCH: Knoblauchzehen in Backpapier einwickeln und bei 200 °C Ober- und Unterhitze 10–15 Minuten backen. Dann abkühlen lassen und mit Senf, Honig, Weißweinessig, Salz und Pfeffer pürieren. Olivenöl nach und nach unterrühren. Zunächst in einem dünnen Strahl zugießen, bis das Dressing sich setzt. Abschmecken – es sollte recht säuerlich sein.

Kohl, Avocado und Walnüsse mit dem Dressing vermengen. Zuletzt vorsichtig die Orangenfilets unterheben. Salat anrichten und mit Walnüssen und Estragonblättern garnieren.

TIPP: Am besten bereiten Sie eine große Portion Dressing zu und stellen es kühl. Es ist ein gutes Dressing für jeden Tag.

Griechischer Salat mit Kohl

Für diesen Salat mariniere ich den Grünkohl, damit er etwas weicher und weniger bitter wird. Das passt gut zu den süßen Tomaten, dem nussigen Kohlrabi und den gesalzenen Oliven.

1 Blatt Grünkohl (grün oder lila)
2 EL weißer Balsamico
2 EL kalt gepresstes Olivenöl
2 grüne Paprika
1 Kohlrabi
3 Fleischtomaten
½ Schale Rucola
45 g schwarze Oliven (hier sonnengetrocknete mit Stein)
100 g Feta
1 Handvoll frischer Oregano

GRIECHISCHES SALATDRESSING
300 ml Sherryessig
100 ml kalt gepresstes Olivenöl
Meersalz und Pfeffer aus der Mühle

Grünkohlblatt von Stiel befreien und in grobe Stücke zerrupfen. In einer Schüssel eine Marinade aus Balsamico und Olivenöl anrühren und den Grünkohl damit vermengen. Eine halbe Stunde ziehen lassen. Paprikaschoten in Streifen schneiden. Kohlrabi schälen und in dünne Scheiben schneiden. Fleischtomaten in Spalten schneiden.

GRIECHISCHES SALATDRESSING: Zutaten für das Dressing kräftig verrühren.

Dressing mit Paprika, Rucola, Kohlrabi, Tomaten, Oliven und zerbröseltem Feta in der Schüssel mit dem Grünkohl vermengen und zum Schluss den Salat auf einer Platte anrichten. Mit frischem Oregano garnieren.

TIPP: Der Salat passt zu fast allen Grillgerichten.

Rahmkohl in neuem Gewand

Dieser Salat ist eine knackige, reichhaltige Version der klassischen Zubereitung von Weißkohl in cremiger Rahmsauce. Er lässt sich leicht vorbereiten und passt den ganzen Sommer, wenn man ihn mit den Beeren, die gerade Saison haben, zubereitet, wie Brombeeren, Heidelbeeren, Johannisbeeren oder Stachelbeeren.

Schale und Saft von
1 Bio-Zitrone
1 Spitzkohl, grün oder lila
100 ml Wasser
2 EL kalt gepresstes Olivenöl
Meersalz und Pfeffer aus der Mühle
150 g frische Brombeeren (oder Heidelbeeren)

MUSKATCREME
250 g Crème fraîche
Schale und Saft von
1 Bio-Zitrone
1 TL frisch geriebener Muskat
Meersalz und Pfeffer aus der Mühle

Auf einer Juliennereibe oder mit einem Kartoffelschäler die Zitronenschale abziehen und in feine Streifen schneiden. Zitrone auspressen und den Saft zur Seite stellen. Spitzkohl vom Strunk befreien, in Viertel schneiden und die Blätter ablösen.

In einer Sautierpfanne Wasser, Olivenöl, Zitronensaft und etwas Salz und Pfeffer erhitzen. Eine Handvoll Spitzkohl in die Pfanne geben und ein paar Minuten zugedeckt köcheln lassen. Dann aus der Pfanne nehmen und auf einem Geschirrtuch abtropfen lassen. Diesen Schritt wiederholen, bis der ganze Kohl pochiert ist. Er sollte immer noch Biss haben und leicht knackig sein.

MUSKATCREME: Aus Crème fraîche, Zitronensaft und -schale, geriebenem Muskat, Salz und Pfeffer eine Creme anrühren.

Kohl mit ein wenig Muskatcreme anrichten. Mit frisch geriebenem Muskat, geriebener Zitronenschale und Beeren anrichten.

Wirsing mit Chili, Salzmandeln und Kräutern

½ Wirsing
Kräuter (hier Petersilie, Brunnenkresse und roter Sauerklee)
1 Handvoll getrocknete Physalis oder getrocknete Aprikosen in Streifen
evtl. 2 Äpfel

KNOBLAUCHDRESSING
1 TL Dijonsenf
Saft von 1 ½ Limetten
1 TL Honig
75 ml kalt gepresstes Olivenöl
Meersalz und Pfeffer aus der Mühle
1 kleine Knoblauchzehe
1 Chilischote

SALZMANDELN
500 ml Wasser
100 g Salz
500 g Mandeln

Wirsing vom Strunk befreien, die äußeren Blätter entfernen und ein paar davon zur Seite stellen. Längs halbieren und die eine Hälfte in kleine Stücke schneiden. Kräuter putzen und abzupfen.

KNOBLAUCHDRESSING: Senf, Limettensaft, Honig, Olivenöl, Salz und Pfeffer verrühren. Geschälten Knoblauch und Chili fein hacken und unter das Dressing heben. Dressing abschmecken. Es darf ruhig ein wenig säuerlich und scharf sein, weil der Kohl eher neutral schmeckt.

Kohl mit dem Dressing, der Hälfte der Kräuter und den Physalis vermengen. Wenn der Salat etwas mehr Süße haben soll, können Sie auch ein paar Apfelwürfel hinzufügen. Den Salat auf einem ganzen Wirsingblatt anrichten und mit Früchten, Kräutern und ganzen Salzmandeln garnieren.

SALZMANDELN: Sie können die Salzmandeln vorbereiten und in einem Glas oder in einer luftdicht verschließbaren Dose aufbewahren. Das Wasser zum Kochen bringen und das Salz darin auflösen. Dann das Wasser abkühlen lassen und die Mandeln hineingeben. 3 Stunden ziehen lassen, danach bei 150 °C Ober- und Unterhitze 20 Minuten backen. Mandeln abkühlen lassen, damit sie schön knusprig werden.

Palmkohl mit Mais, Pilzen und Aronia-Beeren

4 Blätter Palmkohl (oder Grünkohl)
2 Maiskolben
kalt gepresstes Olivenöl
Meersalz und Pfeffer aus der Mühle
100 g Champignons (oder andere Pilze)
Saft von ½ Zitrone
75 g Sonnenblumenkerne
1 Handvoll Petersilie

DRESSING MIT ARONIA-BEEREN
30 ml dunkler Balsamico
4 EL Aronia-Beeren oder schwarze Johannisbeeren (als TK-Ware erhältlich)
1 EL Honig
Meersalz und Pfeffer aus der Mühle
100 ml kalt gepresstes Olivenöl

Palmkohlblätter von Stielen befreien und in feine Streifen schneiden. Bei den Maiskolben die Strünke abschneiden. Dann senkrecht auf ein Holzbrett stellen und mit einem scharfen Messer die Maiskörner von oben nach unten abschneiden.

In einer Pfanne die Maiskörner ein paar Minuten in Olivenöl rösten und etwas Salz und Pfeffer hinzufügen.

DRESSING MIT ARONIA-BEEREN: Balsamico, Beeren, Flüssigkeit der Beeren, Honig, Salz und etwas Pfeffer in eine Schüssel geben und verrühren. Olivenöl nach und nach unterrühren. Dabei das Öl in einem dünnen Strahl zugießen, bis das Dressing andickt. Abschmecken – das Dressing sollte recht säuerlich sein.

Pilze mit einem Pinsel oder einem trockenen Tuch putzen und in einer Pfanne in Olivenöl 4–5 Minuten braten. Zitronensaft darüber auspressen und mit reichlich Salz und Pfeffer würzen. In einer trockenen Pfanne die Sonnenblumenkerne rösten, bis sie braun sind, und abkühlen lassen.

Kohl, Maiskörner, Sonnenblumenkerne und Pilze mit dem Dressing vermengen und anrichten. Zum Schluss mit Petersilie garnieren.

Grünkohl mit Wasabi-Dressing und gerösteten Haselnüssen

3–4 Blätter Grünkohl
2 farbige Möhren
1 Granatapfel
6 getrocknete Aprikosen
1 Handvoll Haselnüsse

WASABI-DRESSING
Saft von ½–1 Zitrone
1 EL flüssiger Honig
100 ml Olivenöl
1–2 EL Wasabi-Paste
Meersalz und Pfeffer aus der Mühle

Grünkohlblätter von Stielen befreien und fein hacken. Möhren schälen und auf einer Mandoline oder mit einem Kartoffelschäler längs in Streifen schneiden. Granatapfel halbieren und mit einem Kochlöffel die Kerne herausklopfen. Aprikosen in Streifen schneiden.

In einer heißen, trockenen Pfanne die Haselnüsse rösten, bis die braune Haut abzufallen beginnt. Pfanne vom Herd nehmen und die Nüsse abkühlen lassen. In einem Geschirrtuch rollen, bis die Häutchen sich vollständig abgelöst haben, dann die Nüsse grob hacken.

WASABI-DRESSING: Zitronensaft, Honig, Olivenöl und Wasabi-Paste gründlich verrühren. Mit Salz und Pfeffer abschmecken.

Dressing mit Grünkohl, Möhren, Aprikosen und Granatapfelkernen vermengen. Zum Schluss mit den gehackten Haselnüssen bestreuen.

Sommerspitzkohl mit jungen Erbsen und Minze

1 kleiner Spitzkohl
200 g junge Erbsen (ausgepalte Menge)
100 g Kürbiskerne
Salzflocken
2 Stiele frische Minze (oder Schnittlauch)

KNOBLAUCHDRESSING

100 ml Dickmilch
Schale und Saft von 1 Bio-Zitrone
½ Knoblauchzehe
1 EL Olivenöl
Meersalz und weißer Pfeffer aus der Mühle

Spitzkohl vom Strunk befreien, die äußeren Blätter entfernen und den Kohl längs halbieren. Kohl in feine Streifen schneiden. Erbsen auspalen. In einer trockenen Pfanne Kürbiskerne rösten, bis sie „poppen“ und leicht braun werden, dann mit ein paar Salzflocken bestreuen. Auf einem Stück Backpapier abkühlen lassen.

KNOBLAUCHDRESSING: Dickmilch in eine Schüssel geben. Zitronenschale abreiben und den Saft auspressen. Knoblauch hineinpressen. Zitronenabrieb, -saft und Knoblauch mit der Dickmilch verrühren und nach und nach Olivenöl unterrühren. Zum Schluss mit Salz und Pfeffer abschmecken.

Spitzkohl und die Hälfte der Erbsen sowie der Kürbiskerne mit dem Dressing vermengen und anrichten. Minze abzupfen und über den Kohl streuen. Mit den restlichen Erbsen und Kernen garnieren.

Sauerkraut aus Spitzkohl

1 kg Kohl (hier lila Spitzkohl – Sie können aber gerne Kohlsorten mischen)
40 g Meersalz

Den Spitzkohl fein schneiden. Mit dem Salz in eine tiefe Schüssel geben und den Kohl mit den Händen 5–10 Minuten durchkneten.

Es ist wichtig, dass Sie beim Kneten viel Kraft aufwenden, damit die gesamte Flüssigkeit aus dem Kohl gedrückt wird. Dann den Kohl in ein Glas füllen und fest zusammendrücken, bis er von Flüssigkeit bedeckt ist. Das Glas verschließen. Etwa eine Woche bei Zimmertemperatur auf dem Küchentisch stehen lassen, wo Sie ihn im Auge haben. Zwischendurch ein paar Mal das Glas öffnen, um den Druck abzulassen. Wenn das Kraut säuerlich schmeckt, ist es fertig. Mindestens eine Woche kalt stellen.

TIPP: Ich serviere das Sauerkraut zu gegrillten Würstchen, zu einem Hotdog, zu Rippchen oder zu würzigen asiatischen Gerichten als säuerlichen Kontrast.

Gegrillter Blumenkohl mit Estragonpesto und knusprigen Kürbiskernen

2 Blumenkohl
2 EL kalt gepresstes Olivenöl + etwas zum Braten
Meersalz und Pfeffer aus der Mühle
75 g Kürbiskerne
Estragon zum Garnieren

ESTRAGONPESTO
4 kleine Knoblauchzehen
100 ml kalt gepresstes Olivenöl
1 Handvoll frischer Estragon
3 EL Weißweinessig
1 Msp. Honig
Meersalz und Pfeffer aus der Mühle

Blumenkohl in Röschen zerteilen. Einen Grill richtig heiß werden lassen, währenddessen die Blumenkohlröschen mit Olivenöl bepinseln. Blumenkohlröschen 3–4 Minuten von allen Seiten grillen – sie sollen immer noch knackig sein. Mit Meersalz und frisch gemahlenem Pfeffer würzen.

ESTRAGONPESTO: Knoblauchzehen schälen, in Backpapier einwickeln und bei 200 °C Ober- und Unterhitze 10 Minuten backen. Wenn Sie einen Kugelgrill benutzen, legen Sie sie für 10 Minuten neben die Kohlen. Abkühlen lassen. Olivenöl mit Estragonblättern und den feinen Stielen mixen. Weißweinessig und die gebackenen, abgekühlten Knoblauchzehen hinzufügen. Mit Honig, Meersalz und frisch gemahlenem Pfeffer abschmecken. Das Pesto sollte noch ein wenig säuerlich sein. Ich verwende den gebackenen Knoblauch statt Parmesan, das verleiht dem Pesto eine spezielle Süße.

Kürbiskerne mit etwas Olivenöl vermengen und in einer Pfanne braten, bis sie „poppen" und braun sind. Meersalz hinzufügen.

Salat anrichten und mit frischen Estragonblättern garnieren.

Grünkohl mit schnell eingelegtem Hokkaido, Topinambur und gebackenem Serranoschinken

SCHNELL EINGELEGTER HOKKAIDO
¼ Hokkaido-Kürbis
100 ml Wasser
90 g Rohrzucker
100 ml Apfelessig
6 Blätter Grünkohl (die Menge schrumpft auf etwa die Hälfte zusammen)
3 EL Zucker
3 EL Salzflocken
4 Topinamburknollen
4 Scheiben Serranoschinken

BALSAMICODRESSING
1 EL Senf
25 ml weißer Balsamico
Meersalz und Pfeffer aus der Mühle
75 ml kalt gepresstes Olivenöl

SCHNELL EINGELEGTER HOKKAIDO: Hokkaido halbieren, entkernen und eine Hälfte schälen. In dünne Scheiben schneiden und diese in ein Einmachglas geben. In einem Topf Wasser, Zucker und Apfelessig erhitzen, bis der Zucker sich aufgelöst hat, dann die heiße Flüssigkeit über die Kürbisscheiben gießen. Mindestens 12 Stunden ziehen lassen.
Der Kürbis lässt sich gut vorbereiten.

Grünkohlblätter von Stielen befreien und in mittelgroße Stücke zerrupfen. In eine große Schüssel füllen, Zucker und Salz hinzufügen und den Kohl 4–10 Minuten ausdrücken. Sie müssen den Kohl wirklich bearbeiten, bis die Flüssigkeit „heraustropft". Der Kohl wird etwa auf die Hälfte zusammenschrumpfen. Anschließend abspülen, damit Zucker und Salz abgespült werden, und in einer Salatschleuder trockenschleudern.

Topinamburknollen schälen und in Chips-Scheiben schneiden (z. B. auf einer Mandoline zu Gittern).

Ofen auf 175 °C Ober- und Unterhitze erhitzen und Serranoschinken darin 8–10 Minuten braten, bis er knusprig und goldbraun ist.

BALSAMICODRESSING: Senf, Balsamico, Salz und Pfeffer verrühren. Unter Rühren nach und nach Olivenöl hinzufügen, zunächst in einem dünnen Strahl, bis das Dressing sich setzt und andickt. Grünkohl und Topinambur-Chips mit Dressing und eingelegtem Hokkaido vermengen und auf dem Schinken anrichten. Ich serviere Brot dazu.

Rosenkohl und Grünkohl mit Beten und Parmesan

15 Rosenkohlröschen
Olivenöl zum Braten
Meersalz und Pfeffer aus der Mühle
2–3 Blätter Grünkohl
2 gelbe Beten oder Chioggia-Beten
75 g Kürbiskerne
Salzflocken
50 g Parmesan
2 EL schnell eingelegte rote Zwiebeln (siehe Seite 23)
1 Handvoll Estragon

APFELESSIGDRESSING
50 ml Apfelessig
1 EL Dijonsenf
Meersalz und Pfeffer aus der Mühle
100 ml kalt gepresstes Olivenöl

Rosenkohlröschen vom Strunk und den äußeren Blättern befreien. Dann mit etwas Olivenöl in eine heiße Pfanne geben und mindestens 10 Minuten braten, bis sie ein bisschen weich sind. Mit reichlich Salz und Pfeffer würzen. Abkühlen lassen.

Grünkohlblätter von Stielen befreien und klein schneiden. Beten schälen und mit einem scharfen Messer oder auf einer Mandoline zu Julienne verarbeiten.

In einer trockenen Pfanne Kürbiskerne rösten, bis sie „poppen" und braun werden, dann mit ein paar Salzflocken bestreuen. Vollständig abkühlen lassen. Mit einem Kartoffelschäler oder einem scharfen Messer Flocken vom Parmesan schneiden.

APFELESSIGDRESSING: Apfelessig, Senf, Salz und Pfeffer verrühren. Danach Olivenöl nach und nach unterrühren. Dabei das Öl in einem dünnen Strahl zugießen, bis das Dressing andickt.

Gemüse und eingelegte Zwiebeln mit dem Dressing mischen und anrichten. Mit gesalzenen Kürbiskernen, ein paar Parmesanflocken und frischem Estragon garnieren.

Caesar's Salad aus Kohl mit Parmesanchips

2 halbe Spitzkohl
(evtl. 1 lila und 1 grüner)
8 Brotchips (siehe unten)
8 Parmesanchips
(siehe unten)

CAESAR-DRESSING
50 g Parmesan
1 Eigelb
1 kleine Knoblauchzehe
4 EL Sherryessig
Meersalz und Pfeffer aus
der Mühle
200 ml Olivenöl

PARMESANCHIPS
50 g Parmesan

BROTCHIPS
8 dünne Schreiben Baguette
vom Vortag
Olivenöl
Salzflocken

Spitzkohl vom Strunk befreien, die äußeren Blätter entfernen und den Kohl längs halbieren. Beide Hälften in größere Stücke brechen.

CAESAR-DRESSING: Parmesan, Eigelb, geschälten Knoblauch, Sherryessig, Salz und Pfeffer zu einer glatten Masse pürieren. Olivenöl nach und nach unterrühren. Dabei das Öl in einem dünnen Strahl zugießen, bis das Dressing andickt.

Kohl mit dem Dressing mischen und anrichten. Mit Parmesan- und Brotchips garnieren.

PARMESANCHIPS: Parmesan fein reiben. 8 Häufchen auf ein mit Backpapier ausgelegtes Backblech legen und 5–6 Minuten bei 200 °C Ober- und Unterhitze backen.

Vollständig abkühlen lassen, bevor Sie die Parmesanchips vom Backpapier lösen.

BROTCHIPS: Baguettescheiben mit etwas Olivenöl einpinseln und bei 175 °C Ober- und Unterhitze ca. 6–8 Minuten backen. Dann herausnehmen und mit grobem Salz bestreuen.

Grünkohl mit gebackenen Pastinaken und Heidelbeeren

4 Pastinaken
50 ml Olivenöl
Meersalz und Pfeffer aus der Mühle
3 Blätter Grünkohl
100 g Feta
100 g Heidelbeeren

SHERRYDRESSING
50 ml Sherryessig (oder dunkler Balsamico)
1 EL Senf
Meersalz und Pfeffer aus der Mühle
150 ml Olivenöl

Pastinaken schälen und längs vierteln. In eine Schüssel geben und in Olivenöl und etwas Salz und Pfeffer wälzen. Dann bei 225 °C Ober- und Unterhitze ca. 25–30 Minuten backen, bis sie goldgelb sind. Sie dürfen gerne schön braun werden, das verleiht dem Salat viel Aroma. Pastinaken aus dem Ofen nehmen und abkühlen lassen. Grünkohlblätter von Stielen befreien und fein hacken. Feta in Würfel brechen.

SHERRYDRESSING: Sherryessig, Senf, Salz und Pfeffer verrühren. Danach Olivenöl nach und nach unterrühren. Dazu das Öl in einem dünnen Strahl einrühren, bis das Dressing andickt. Mit Salz und Pfeffer abschmecken.

Grünkohl, Pastinaken und Heidelbeeren mit dem Dressing mischen. Salat anrichten und mit den Fetawürfeln garnieren.

TIPP: Ich serviere den Salat gerne zum Kalbsbraten.

Die Reichhaltigen

Dies sind Rezepte für Gerichte, die ohne Weiteres als volle Mahlzeit durchgehen. Sie enthalten entweder mehr reichhaltige Gemüsesorten oder Eiweiß und sättigen daher besser. Ein Großteil der Gerichte eignet sich auch fürs Mittagessen. Ich habe eine schöne Mischung aus Salaten, warmen und kalten Suppen sowie warmen Gerichten wie z. B. Lasagne, Risotto und Quiches zusammengestellt.

Gebratener Wirsing mit Orangenschalen und Meerrettichcreme

1 ganzer Wirsing (oder 1 großer fester Spitzkohl)
100 ml kalt gepresstes Olivenöl
Meersalz und weißer Pfeffer aus der Mühle
Schale von 1 Bio-Orange
1 Handvoll gemischte frische Kräuter (hier Thymian und roter Sauerklee)

MEERRETTICHCREME
45–90 g Meerrettich (geriebene Menge)
100 g Crème fraîche
Meersalz und weißer Pfeffer aus der Mühle

Wirsing vierteln und vom Strunk und den äußeren groben Blättern befreien. In einem Topf mit dickem Boden 100 ml Olivenöl erhitzen. Den Kohl ca. 8–10 Minuten auf beiden flachen Seiten braten, bis er gebräunt ist. Er darf gerne eine schöne Kruste bekommen, das verleiht ihm besonders viel Geschmack. Zwischendurch mit Salz und Pfeffer würzen.

MEERRETTICHCREME: Meerrettich fein reiben. Meerrettich mit Crème fraîche gründlich verrühren – die Creme sollte die Konsistenz einer „weichen" Schlagsahne haben. Die Creme mit Salz und weißem Pfeffer abschmecken.

Orangenschale mit einer Julienne- oder normalen Reibe dünn abreiben. Kräuter fein hacken. Orangenabrieb mit den Kräutern mischen.

Die lauwarmen Kohlviertel mit der runden Seite nach unten anrichten und je eine Kugel Meerrettichcreme daraufgeben. Zum Schluss mit den Kräutern und dem Orangenabrieb bestreuen. Nach Geschmack mit etwas Pfeffer würzen.

Salade niçoise mit Kohl, Räuchermakrele und Topinambur

1 Spitzkohl
2 Eier
5 Topinamburknollen
200 g grüne Bohnen
1 geräucherte Makrele
1 Bund Dill
50 g Oliven mit Stein

NIÇOISE-DRESSING
1 EL Senf
50 ml weißer Balsamico
Meersalz und Pfeffer aus der Mühle
150 ml kalt gepresstes Olivenöl

Den Spitzkohl fein schneiden. Eier 9 Minuten kochen und unter kaltem Wasser abschrecken. Topinamburknollen schälen und in mittelgroße Scheiben schneiden. Bohnen 4–5 Minuten in sprudelnd kochendem Wasser kochen, das Wasser abgießen und die Bohnen in Eiswasser einlegen. Danach in einem Sieb abtropfen lassen.

Haut der Makrele abziehen und die Filets entgräten. Filets in mundgerechte Stücke schneiden. Dill mit den Fingern abzupfen.

NIÇOISE-DRESSING. Senf, Balsamico, Salz und Pfeffer verrühren. Dann Olivenöl unterrühren, zunächst in einem dünnen Strahl, dann immer mehr, bis das Dressing andickt. Dressing abschmecken – es sollte recht säuerlich sein.

Spitzkohl, Topinambur, Bohnen und Oliven mit dem Dressing mischen und anrichten. Eier vierteln und auf dem Salat verteilen.

Zum Schluss mit Dill garnieren. Ich serviere meist ein Stück gutes Brot dazu.

Paella aus rohem Blumenkohl mit Rosenkohl und Chorizo

1 Blumenkohl
½ Chorizo
kalt gepresstes Olivenöl
15 Rosenkohlröschen
Meersalz und Pfeffer aus der Mühle
2 rote Paprika
2 Knoblauchzehen
100 ml Apfelsaft
1 TL Safranfäden
1 EL Kurkuma (am besten frisch)
Schale und Saft von 1 Bio-Zitrone
1 Handvoll Koriander (oder glatte Petersilie)
ggf. etwas Chilimarmelade (siehe Seite 199)

Blumenkohl in Röschen teilen und diese im Mixer zerkleinern, bis sie eine reisartige Konsistenz haben. Chorizo in etwa ½ cm dicke Scheiben schneiden. 50 ml Olivenöl in einer Grillpfanne (oder normalen Pfanne) erhitzen und darin die Wurstscheiben 4–6 Minuten von beiden Seiten braten. Sie sollten schön knusprig werden. Das Bratfett in der Pfanne belassen.

Rosenkohl von den Strünken befreien, halbieren und auf der flachen Seite 8 Minuten im Fett braten, bis sie gebräunt sind. Mit Salz und Pfeffer würzen. Paprikas halbieren und Kerne entfernen. In Streifen schneiden, mit dem ausgepressten Knoblauch in die Pfanne geben und ebenfalls würzen.

In einem Topf Apfelsaft mit Safran, Kurkuma, Zitronensaft und -abrieb erhitzen und mit reichlich Salz und Pfeffer würzen. Das Ganze ca. 5 Minuten köcheln lassen. Dann abkühlen lassen.

Kräuter abzupfen. Blumenkohl, Paprika, Chorizo und Rosenkohl mit dem lauwarmen gewürzten Apfelsaft vermengen und mit Kräutern bestreut servieren.

TIPP: Mit einem guten Stück Brot dazu eignet sich dieses Gericht als Hauptspeise. Ein wenig Chilimarmelade verleiht ihm den letzten Schliff.

Gebackener Rotkohl mit Crème légère und Preiselbeeren

Dieses Gericht sollten Sie einen Tag, bevor Sie es servieren möchten, oder früh am Morgen des gleichen Tages zubereiten. Als Belohnung winkt ein sehr intensives Aroma. Der Kohl hat die gleiche Süße wie im klassischen braunen Sauerkraut, bekommt aber durch die Crème légère und die säuerlichen Preiselbeeren eine besondere Note.

1 Rotkohl
70 g Preiselbeeren (tiefgekühlt in gut sortierten Supermärkten erhältlich)
300 g Crème légère

Rotkohl im Ganzen stehend bei 120 °C Ober- und Unterhitze 12 Stunden im Ofen backen. Anschließend eine halbe Stunde abkühlen lassen. Vom Strunk befreien, die äußeren Blätter entfernen und den Kohl vierteln.

Preiselbeeren mit Crème légère verrühren. Kohlviertel mit Preiselbeercreme servieren.

TIPP: Dieser Kohl passt besonders gut zu Frikadellen.

Kohlschiffchen mit Hähnchensalat

200 g Hähnchenbrust mit
Haut
Meersalz und Pfeffer aus
der Mühle
1 Kohlrabi
1 Apfel
½ Spitzkohl
Olivenöl
1 Schachtel Brunnenkresse
evtl. 1 Stück geröstetes Brot

SENFCREME
1 kleines Glas Kapern
1 große Gewürzgurke
1 Schalotte
4 EL Crème légère (oder
griechischer Joghurt)
½ EL Senfpulver
1 EL weißer Balsamico
Meersalz und Pfeffer aus
der Mühle

Hähnchenbrust mit Salz und Pfeffer würzen und bei 185 °C Ober- und Unterhitze im Ofen 30 Minuten backen, bis sie gar ist. Fleisch abkühlen lassen, Haut ablösen und zur Seite legen. Dann das Fleisch würfeln.

Kohlrabi schälen und fein würfeln. Apfel vom Kerngehäuse befreien und fein würfeln. Spitzkohl vom Strunk befreien und die äußeren Blätter entfernen. Die vier schönsten Blätter als Schiffchen zur Seite legen. Den restlichen Kohl fein schneiden.

SENFCREME: Kapern abgießen. Gewürzgurke und geschälte Schalotte fein würfeln. Crème légère, Senfpulver, Balsamico, Gewürzgurke, zwei Drittel der Kapern, Schalotte, Salz und Pfeffer verrühren und abschmecken. Die Senfcreme darf säuerlich und leicht scharf sein. Wenn Sie es noch schärfer mögen, fügen Sie noch eine Messerspitze Senfpulver hinzu.

Hähnchenwürfel, Apfelwürfel, Kohlrabi und geschnittenen Kohl mit der Creme vermengen. In etwas Olivenöl in einer heißen Pfanne die Haut der Hähnchenbrust knusprig braten und dann in kleine „Bacon"-Stücke schneiden.

Hähnchensalat in den Kohlschiffchen anrichten und mit der gebratenen Haut und der Brunnenkresse garnieren, dazu eine Scheibe geröstetes Brot reichen.

TIPP: Der Salat lässt sich auch gut mitnehmen und vor Ort anrichten.

1 Spitzkohl
6 Radieschen
6 Stangen grüner Spargel
60 g junge Erbsen (ausgepalte Menge)
2 Eier
100 g Garnelen (oder Garnelen in Lake) (Gewicht ohne Schale)
frische Kräuter (hier roter Sauerklee)

MITTSOMMER-KOHL-MARINADE

3 EL weißer Balsamico
50 ml kalt gepresstes Olivenöl
Meersalz und Pfeffer aus der Mühle

DILLCREME

1 Handvoll fein gehackter Dill
200 g Crème légère
Meersalz und Pfeffer aus der Mühle

Mittsommerkohl mit Garnelen, Spargel und Dillcreme

Spitzkohl in kleine Stücke brechen. Radieschen vierteln. Beim Spargel das holzige Ende abschneiden und die Stangen halbieren. Erbsen auspalen.

Eier 9 Minuten kochen und unter kaltem Wasser abschrecken. Garnelen schälen. Wenn Sie mögen, können Sie ein paar ungeschält zur Seite stellen, die Ihre Gäste dann bei Tisch schälen können.

MITTSOMMERKOHL-MARINADE: Balsamico, Olivenöl, Salz und Pfeffer zu einem Dressing verrühren.

DILLCREME: Dill fein hacken und unter die Crème légère rühren. Creme mit Salz und Pfeffer abschmecken.

Gemüse und Garnelen mit der Balsamico-Marinade mischen und anrichten. Eier schälen und vierteln. Mit den frischen Kräutern auf dem Salat anrichten und die Dillcreme dazu servieren.

TIPP: Dazu passt ein Stück gutes Brot.

Kohlrübensteaks mit Wurzelgemüse-Béarnaise

Bei diesem Gericht kombiniere ich die beliebte Sauce béarnaise in einer Wurzelgemüsevariante mit dem Kohl der Saison. Hier brate ich Kohlrüben wie ein Steak, aber natürlich können Sie auch Blumenkohl, Brokkoli, Spitzkohl oder Knollensellerie braten, je nachdem, was Sie im Kühlschrank haben und welcher Kohl gerade Saison hat.

4 kleine Kohlrüben
kalt gepresstes Olivenöl
Meersalz und Pfeffer aus der Mühle
1 Portion Wurzelgemüse-Béarnaise (siehe Seite 182)

Kohlrüben schälen und in 1–2 cm dicke Scheiben schneiden. In einer Pfanne 3 EL Olivenöl erhitzen. Kohlrübenscheiben von beiden Seiten 4–6 Minuten braten, bis sie gar und schön gebräunt sind. Mit reichlich Salz und Pfeffer würzen.

Kohlrübenscheiben mit etwas Wurzelgemüse-Béarnaise anrichten.

Dinkelsalat mit Wirsing, getrockneten Tomaten, Eiern und Haselnüssen

½ Wirsing (oder 1 Spitzkohl)
100 g Dinkel
Salz
1 rote Zwiebel
2 Äpfel
10 getrocknete Tomaten
2 Eier
70 g Haselnüsse
1 Handvoll Petersilie

DINKELSALAT-DRESSING
50 ml Sherryessig (oder dunkler Balsamico)
1 TL Senf
Meersalz und Pfeffer aus der Mühle
150 ml kalt gepresstes Olivenöl

Wirsing vom Strunk befreien, die äußeren Blätter entfernen und den Kohl halbieren. Dann mit einem feinen Messer fein aufschneiden. Dinkel in leicht gesalzenem Wasser nach Packungsanleitung kochen. Zwiebel schälen und sehr fein hacken, Äpfel vom Kerngehäuse befreien und würfeln. Auch die getrockneten Tomaten in sehr feine Stücke schneiden.

Eier 9 Minuten kochen und unter kaltem Wasser abschrecken. Dann schälen und vierteln. Bei 160 °C Ober- und Unterhitze die Haselnüsse im Ofen ca. 15 Minuten rösten. Auf einem Küchenhandtuch hin und her rollen, damit die losen Häute abfallen. Petersilie fein hacken.

DINKELSALAT-DRESSING: Sherryessig, Senf, Salz und Pfeffer verrühren. Olivenöl nach und nach unterrühren. Dabei das Öl in einem dünnen Strahl zugießen, bis das Dressing andickt. Dressing mit Dinkel, Gemüse und Äpfeln vermengen und den Salat anrichten.

Zum Schluss mit Nüssen, Petersilie und Eiervierteln garnieren.

Kohltarte

Die Kohltarte ist bei einem gemütlichen Mittagessen bei meiner lieben Freundin Trine entstanden. Die Kombination aus dem süßen Kohl, dem markanten Estragon mit dem knusprigen Tarteteig und dazu einem schönen luftgetrockneten Schinken ist einfach perfekt. Außerdem eignet sich das Gericht hervorragend, um Gemüsereste zu verarbeiten.

TEIG
225 g Vollkornweizenmehl
75 g Butter
100 g Hüttenkäse
1 Ei
Meersalz und Pfeffer

FÜLLUNG
1 kg Kohl und Wurzelgemüse gemischt (z.B. Brokkoli, Möhren, Kohlrüben)
250 g Grünkohl
1 Schalotte
2 Knoblauchzehen
1 Handvoll fein gehackte Kräuter (z.B. Estragon und etwas Petersilie)
kalt gepresstes Olivenöl
frisch geriebener Muskat
Meersalz und Pfeffer

EIMISCHUNG
7 große Eier
500 ml Vollmilch
1 TL Kartoffelmehl
Meersalz und Pfeffer aus der Mühle
75 g geriebener Emmentaler

TEIG: Mehl, Butter, Hüttenkäse, Ei, etwas Salz und Pfeffer zu einem glatten Teig verarbeiten. Diesen in eine Springform (Ø 22 cm) drücken und an den Rändern hochziehen. Mit einer Gabel mehrmals einstechen, mit Folie abdecken und in den Kühlschrank stellen.

FÜLLUNG: Kohl und Wurzelgemüse putzen und würfeln. Grünkohl fein hacken. Schalotte und Knoblauch schälen. Schalotte würfeln, Knoblauch und Kräuter fein hacken. In einer Pfanne in etwas Olivenöl Knoblauch und Schalotte anschwitzen, bis sie glasig sind. Das restliche Gemüse hinzufügen und weitere 10–15 Minuten braten, bis es weich ist. Kräuter und frisch geriebenen Muskat zugeben, dann die Mischung abkühlen lassen. Mit reichlich Salz und Pfeffer würzen.

EIMISCHUNG: Ofen auf 175 °C Umluft vorheizen. Eier, Milch und Kartoffelmehl verquirlen und mit Salz und Pfeffer würzen. Die Mischung mit der abgekühlten Gemüsemischung vermengen. Dann das Ganze in die Form mit dem Teig füllen, mit geriebenem Emmentaler bestreuen und die Tarte 1 Stunde backen. Vor dem Servieren die Tarte etwa 1 Stunde abkühlen lassen.

TIPP: Die Tarte eignet sich auch hervorragend, um sie am nächsten Tag im Lunchpaket mitzunehmen.

Spitzkohlsalat mit geräuchertem Lachs

70 g getrocknete Bohnen (Kidneybohnen, weiße oder braune Bohnen)
1 Lorbeerblatt
1 Knoblauchzehe
verschiedene Kräuter, z. B. Petersilie, Rosmarin etc.
Meersalz und Pfeffer aus der Mühle
100 g schnell eingelegter Hokkaido-Kürbis
1 Spitzkohl
1 rote Zwiebel
1 Bund Schnittlauch
200 g warm geräucherter Lachs
8 dünne Scheiben Baguette
Olivenöl zum Bepinseln
1 Bund frischer Estragon

SCHNELL EINGELEGTER HOKKAIDO
¼ Hokkaido-Kürbis (oder 1 Mango)
100 ml Wasser
90 g Rohrzucker
100 ml Apfelcider

BALSAMICO-DRESSING
1 TL Senf
50 ml dunkler Balsamico
Meersalz und Pfeffer aus der Mühle
100 ml Olivenöl

Bohnen über Nacht einweichen, dann in frischem Wasser nach Packungsanweisung kochen. Lorbeerblatt, Knoblauch und ein paar Kräuter hinzufügen und mit Salz und Pfeffer würzen. Wenn Sie nur wenig Zeit haben, können Sie auch Bohnen aus der Dose nehmen.

SCHNELL EINGELEGTER HOKKAIDO: Kürbis schälen und entkernen. Auf der Mandoline in feine Streifen schneiden. Wasser, Zucker und Apfelcider erwärmen, bis der Zucker sich aufgelöst hat, und die Hokkaido-Streifen hineingeben. Etwa eine halbe Stunde ziehen lassen. Wenn Sie eine Mango verwenden, schneiden Sie diese in Filets.

Spitzkohl vom Strunk befreien, die äußeren Blätter entfernen und den Kohl in größere Stücke brechen. Zwiebel schälen und fein hacken und Schnittlauch in Röllchen schneiden.

Ofen auf 180 °C Ober- und Unterhitze vorheizen. Lachs in größere Stücke teilen. Baguettescheiben mit Olivenöl bepinseln und im Ofen 8 Minuten backen.

BALSAMICO-DRESSING: Senf, Balsamico, Salz und Pfeffer verrühren. Olivenöl nach und nach unterrühren. Dabei das Öl in einem dünnen Strahl zugießen, bis das Dressing andickt.

Kohl, Bohnen, Zwiebel und eingelegten Hokkaido mit dem Dressing vermengen und anrichten. Zum Schluss mit Lachs, Baguettescheiben und Estragon garnieren.

Kohl im Wok

Dieses Gericht können Sie im Grunde mit fast allen Gemüsesorten zubereiten, die etwas Biss haben. Wichtig ist nur, dass Sie alle Sorten getrennt braten und erst am Schluss zusammenfügen. Ich bereite es je nach Lust und Laune vegetarisch oder wie hier mit Schweinefleisch zu. Das Gemüse können Sie am Vortag vorbereiten, am besten gleich in größeren Mengen – es schmeckt nämlich auch am nächsten Tag noch ganz toll.

1 ganze Schweinelende
2 Möhren
¼ Weißkohl
2 Pastinaken
1 rote Paprika
10 grüne Bohnen
½ Sellerieknolle
2 rote Zwiebeln
2–3 cm Ingwer
1 große Knoblauchzehe
2 rote Chilischoten
kalt gepresstes Olivenöl
Meersalz und Pfeffer aus der Mühle
200 ml Gemüsebrühe
1 Dose Kokosmilch
100 g Glasnudeln
1 Handvoll Koriander oder glatte Petersilie

Schweinelende von Häuten und Sehnen befreien und in ½ cm dünne Scheiben schneiden. In einer trockenen Pfanne bei starker Hitze das Fleisch 1–2 Minuten von jeder Seite braten und dann auf eine Platte legen. Möhren, Weißkohl, Pastinaken, Paprika, Bohnen, Sellerie und geschälte Zwiebel in feine Streifen schneiden und getrennt voneinander zur Seite stellen. Ingwer und Knoblauch schälen und fein hacken. Chilischoten ebenfalls fein hacken.

Jede Gemüsesorte einzeln in etwas Olivenöl in der Pfanne braten, bis sie fast weich ist. Mit Salz und Pfeffer würzen und aus der Pfanne nehmen. Diesen Schritt mit allen Gemüsesorten wiederholen. Dann das Gemüse zusammen mit den Fleischscheiben und 200 ml Gemüsebrühe in einen Wok geben und erhitzen. Knoblauch, Ingwer und Chili hinzufügen und die Kokosmilch unterrühren.

Glasnudeln nach Packungsanweisung zubereiten und in den Wok geben. Das Ganze mit Salz und Pfeffer abschmecken, ggf. noch mehr Chili hinzufügen. Mit ein paar frischen Kräutern bestreuen und das Gericht heiß servieren.

TIPP: Verarbeiten Sie einfach das Gemüse, das Sie gerade im Kühlschrank haben.

Brennende Kohlliebe – Grünkohlsalat mit Bacon

Ein Klassiker aus meiner Jugend in den Siebzigerjahren ist das reichhaltige Gericht „Brennende Liebe". Doch die Zeit hat sich auf vielerlei Art weitergedreht, und zwar weg von Kartoffelpüree, Zwiebeln und Speck, der in Fett schwimmt. Daher habe ich eine Variante kreiert, die ebenfalls reichhaltig schmeckt, aber auf Kohl basiert. Ich serviere sie als vollständige Mahlzeit. Sie können Speck, eingelegte Zwiebeln und Blumenkohlpüree auch am Vortag vorbereiten und dann das Püree in einem Wasserbad aufwärmen.

GRÜNKOHLSALAT
5 Scheiben gepökelter Bacon
3 EL kalt gepresstes Olivenöl
3 Blätter Grünkohl
2 Äpfel
1 Portion schnell eingelegte rote Zwiebeln (siehe Seite 23)

APFELESSIG-DRESSING
25 ml Apfelessig
1 EL grober Senf
Meersalz und Pfeffer aus der Mühle
75 ml kalt gepresstes Olivenöl

1 Portion Blumenkohlpüree (siehe Seite 183)

GRÜNKOHLSALAT: Bacon in Streifen schneiden. In einer Pfanne Olivenöl erhitzen und darin den Speck braten, bis er knusprig ist. Dann den Speck auf einem Stück Küchenpapier abtropfen lassen und in etwas kleinere Stücke schneiden. Grünkohlblätter von Stielen befreien und fein hacken. Äpfel in Spalten schneiden und Kerngehäuse entfernen.

APFELESSIG-DRESSING: Apfelessig, Senf und etwas Salz und Pfeffer verrühren. Olivenöl nach und nach unterrühren. Zunächst in einem dünnen Strahl, bis das Dressing sich setzt und andickt. Dressing abschmecken.

Grünkohl, Äpfel, Speck und eingelegte Zwiebeln mit dem Dressing vermengen und das Blumenkohlpüree in einer Schüssel dazu anrichten.

Wirsingschiffchen mit würzigen Kichererbsen

1 Wirsing
70 g Dinkel
Salz
2 Frühlingszwiebeln
Schale von 1 Bio-Zitrone
75 g würzige Kichererbsen (siehe Seite 179)
1 Handvoll Kräuter (hier roter Sauerklee)

KRÄUTER-DRESSING MIT SHERRYESSIG
1 Knoblauchzehe
50 ml Sherryessig (oder dunkler Balsamico)
1 EL scharfer Senf
Meersalz und Pfeffer
150 ml Olivenöl

Äußere Blätter vom Wirsing abnehmen, ein Stück Strunk abschneiden, sodass die anderen Blätter sich etwas lösen. Danach die Blätter eines nach dem anderen abtrennen, die vier schönsten zur Seite legen.

Dinkel in Salzwasser 15–20 Minuten kochen, abgießen und in einem Durchschlag abkühlen lassen. Frühlingszwiebeln in feine Streifen schneiden. 3 Wirsingblätter in Streifen schneiden und mit Dinkel, Zitronenschalenabrieb und Frühlingszwiebeln mischen.

KRÄUTER-DRESSING MIT SHERRYESSIG: Knoblauch auspressen und mit Sherryessig, Senf, Salz und Pfeffer verrühren. Olivenöl nach und nach unterrühren. Dabei das Öl in einem dünnen Strahl zugießen, bis das Dressing andickt. Dann abschmecken, es sollte recht säuerlich sein, da Dinkel und Wirsing viel vom Aroma aufnehmen.

Salat mit dem Dressing vermengen und dann in den vier Wirsingblättern anrichten und mit den würzigen Kichererbsen garnieren. Mit ein paar frischen Kräutern bestreuen.

TIPP: Wenn Sie stattdessen Wirsingrouladen wickeln, eignen sie sich auch für unterwegs. Die würzigen Kichererbsen können Sie auch durch gesalzene Erdnüsse ersetzen.

Kohl-Tatouille

2 kleine Kohlrüben
kalt gepresstes Olivenöl
Meersalz und Pfeffer aus der Mühle
½ Brokkoli
½ Blumenkohl
1 Zwiebel
2 Mozzarella

PESTO „OLD SCHOOL" MIT BASILIKUM
1 Topf Basilikum
100 ml Olivenöl
Saft von 1 Zitrone
25 g Parmesan
2 EL Mandeln mit Haut
Meersalz und Pfeffer aus der Mühle

Kohlrüben schälen und in 2 cm dicke Scheiben schneiden (8 Scheiben insgesamt). In einer Pfanne mit etwas Olivenöl auf beiden Seiten 3–4 Minuten braten. Dann die Kohlrübenscheiben auf ein mit Backpapier ausgelegtes Backblech legen und mit reichlich Salz und Pfeffer würzen.

PESTO „OLD SCHOOL" MIT BASILIKUM: Basilikum, Olivenöl, Zitronensaft, Parmesan und Mandeln im Mixer zu einer glatten Masse verarbeiten. Das Pesto mit Salz und Pfeffer und evtl. noch etwas Zitronensaft abschmecken.

Brokkoli und Blumenkohl in kleine Röschen zerteilen. Zwiebel fein hacken. In einer Pfanne 50 ml Olivenöl erhitzen und Brokkoli, Blumenkohl und Zwiebeln 4–6 Minuten braten, bis sie schon leicht weich sind. Mit reichlich Salz und Pfeffer würzen. Das gebratene Gemüse in kleinen Häufchen auf den Kohlrübenscheiben anrichten. Mozzarella in 1 cm dicke Scheiben schneiden und auf die Kohlrüben-Türmchen legen. Im Ofen die Grillstufe einschalten und das Ganze 3–4 Minuten grillen. Der Mozzarella sollte schmelzen und goldbraun sein. Vor dem Servieren mit etwas Pfeffer würzen.

TIPP: Das Gericht eignet sich prima für ein Buffet.

Verlorener Rindfleischsalat mit Kohl

Dieser Salat braucht etwas Zeit, ist aber dafür auch eine vollständige, gut sättigende Mahlzeit. Ich brate Knollensellerie statt Fleisch – daher die Bezeichnung „verloren".

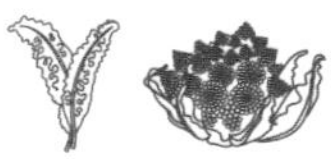

½ Sellerieknolle
Meersalz und Pfeffer aus der Mühle
1 Blatt Palmkohl (oder Grünkohl)
1 Romanesco (oder Blumenkohl)
1 Handvoll Edamame (TK-Ware)
½ Granatapfel
2 Orangen
75 g Sonnenblumenkerne
50 ml Sojasauce oder Tamari

DRESSING
½ rote Chilischote
1 kleine rote Zwiebel
1 Knoblauchzehe
1 Handvoll Koriander (oder Petersilie)
1 Handvoll Minze
30 ml Apfelessig
1 TL geriebener Ingwer
Saft von 1 Limette
Meersalz und Pfeffer aus der Mühle
50 ml kalt gepresstes Olivenöl
50 ml Sesamöl

Selleriehälfte schälen, in zwei feine Scheiben schneiden und diese in einer trockenen Pfanne 4–5 Minuten auf beiden Seiten grillen, bis sie gebräunt und leicht weich sind. Mit reichlich Salz und Pfeffer würzen.

Palmkohl grob hacken, Romanesco in Röschen zerteilen. Edamame auftauen. Mit einem Kochlöffel aus dem halben Granatapfel die Kerne herausklopfen. Orangen schälen und danach mit einem scharfen Messer die Filets entlang der weißen Häutchen herausschneiden. In einer trockenen Pfanne Sonnenblumenkerne rösten, bis sie Farbe annehmen. Mit Sojasoße oder Tamari begießen und rühren, bis die Flüssigkeit verdampft ist. Achtung, das geht sehr schnell!

DRESSING: Chilischote entkernen und klein schneiden. Zwiebel schälen und fein hacken, Knoblauch auspressen. Koriander und Minze fein hacken (ein wenig davon zum Garnieren zur Seite stellen). Apfelessig, Ingwer, Zwiebel, Knoblauch, Kräuter, Chili, Limettensaft, Salz und frisch gemahlenen Pfeffer verrühren. Olivenöl und Sesamöl hinzufügen. Dressing abschmecken – es sollte recht scharf und säuerlich sein.

Gemüse und Obst mit dem Dressing mischen und anrichten. Mit Koriander, Minze und gerösteten Sonnenblumenkernen garnieren.

Minestrone

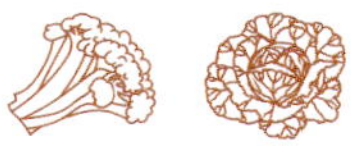

2 Scheiben gepökelter Bacon (je 1 cm dick)
3 EL kalt gepresstes Olivenöl
1 Zwiebel
4 Knoblauchzehen
300 g Kartoffeln
1,2 l Gemüsebrühe
1 Lorbeerblatt
5 schwarze Pfefferkörner
1 Handvoll Kräuter (hier Thymian, Oregano und Petersilie)
300 g Wirsing
300 g Brokkoli
2 Stangen Sellerie
1 Dose gehackte Tomaten (ohne Haut)
50 g gekochte weiße Bohnen
Meersalz und Pfeffer aus der Mühle
2 EL Apfelessig

Die Schwarte des Bacons abschneiden und diesen fein würfeln. In einem großen Topf Olivenöl erhitzen und die Baconwürfel 4–5 Minuten braten. Zwiebel und Knoblauch schälen, hacken und mit dem Bacon ein paar Minuten anschwitzen.

Kartoffeln schälen und würfeln. Gemüsebrühe mit Kartoffeln, Lorbeerblatt, Pfefferkörnern und Kräutern in den Topf geben und die Suppe 30 Minuten köcheln lassen.

Wirsing in feine Streifen schneiden, Brokkoli in Röschen zerteilen. Sellerie fein würfeln. Gehackte Tomaten mit Wirsing, Brokkoli, Sellerie und gekochten Bohnen in einen Topf füllen (Sie können auch Bohnen aus der Dose nehmen) und etwa 3–4 Minuten einkochen lassen. Die Suppe mit Salz, Pfeffer und etwas Apfelessig abschmecken.

TIPP: Soll die Suppe etwas reichhaltiger und sättigender sein, können Sie 50 g Suppennudeln in die Suppe geben, kurz bevor Sie das letzte Gemüse hinzufügen. Dann sind sie gar, wenn die Suppe fertig ist.

Grünkohlsuppe mit Belugalinsen und Bacon

2 Knoblauchzehen
2 Zwiebeln
kalt gepresstes Olivenöl
1 große Backkartoffel
1 l Gemüsebrühe
2 Lorbeerblätter
200 g Grünkohl
½ TL geriebener Muskat
Meersalz und Pfeffer aus der Mühle
2 Scheiben gepökelter Bacon (oder 1 Portion Kohlspeck)
90 g Belugalinsen

Knoblauch und Zwiebeln schälen, fein hacken und in einem Topf in etwas Olivenöl bei schwacher Hitze braten, bis die Zwiebeln glasig sind. Backkartoffel schälen und fein würfeln. Kartoffelwürfel zu den Zwiebeln in den Topf geben und ein paar Minuten braten. Dann Gemüsebrühe und Lorbeerblätter hinzufügen. Das Gericht köcheln lassen, bis die Kartoffeln weich sind.

Grünkohlblätter von Stielen befreien. Dann für 30 Sekunden in einen Topf mit kochendem Wasser legen. Herausnehmen und sofort in kaltes Wasser legen (so bleibt die grüne Farbe erhalten). Lorbeerblätter aus dem Topf mit der Gemüsebrühe nehmen, den Grünkohl hineingeben und die Suppe mit einem Stabmixer glatt pürieren. Die Suppe mit geriebenem Muskat, Salz und Pfeffer abschmecken.

Die Schwarte des Bacons abschneiden und ihn fein würfeln. Die Baconwürfel in einer heißen Pfanne in etwas Olivenöl braten, bis sie knusprig sind, dann auf einem Stück Küchenpapier abkühlen lassen.

Belugalinsen unter kaltem Wasser abspülen und in leicht gesalzenem Wasser 15–20 Minuten kochen. Sie sollen nicht ganz weich sein, sondern noch etwas Biss haben.

Die Suppe mit den lauwarmen Linsen als Einlage und ein paar Baconwürfeln servieren.

Kohl-Lasagne

300 g Palmkohl
(ca. 10–14 Blätter)
(oder Wirsing)
Meersalz und Pfeffer aus
der Mühle
1 rote Zwiebel
3 Knoblauchzehen
100 g gepökelter Bacon
Olivenöl zum Braten
1 Bund frischer Thymian
(oder 1 EL getrockneter)
450 g Butternut-Kürbis
(oder Hokkaido)
½ Dose geschälte Tomaten
200 g Crème fraîche (oder
Crème double)

In einem großen Topf Wasser zum Kochen bringen und die ganzen Palmkohlblätter für 30 Sekunden hineingeben. Dann sofort herausnehmen und in eiskaltes Wasser legen. Auf diese Weise verliert der Kohl weder Farbe noch Nährstoffe. Anschließend den Kohl auf einem Küchenhandtuch abtropfen lassen, das Sie über den Kohl einschlagen. Kohl mit reichlich Salz und Pfeffer würzen.
Zwiebel und Knoblauch schälen, Zwiebel fein, Knoblauch sehr fein würfeln.
Die Schwarte des Bacons abschneiden und ihn würfeln. In einer Sautierpfanne Olivenöl erhitzen und die Zwiebel darin ein paar Minuten anschwitzen. Bacon hinzufügen, 3–4 Minuten anbraten und dann Knoblauch und gehackten Thymian zugeben, alles zusammen noch ein paar Minuten anschwitzen.
Kürbis halbieren und Kerne entfernen. Kürbis schälen und in winzige Würfel schneiden. Kürbiswürfel zur Zwiebel-Speck-Mischung geben und braten, bis sie weich sind. Mit Salz und Pfeffer würzen. Geschälte Tomaten angießen und das Ganze 15 Minuten köcheln lassen. Zum Schluss Crème fraîche unterrühren.
Eine feuerfeste Form mit Olivenöl einfetten. Die Form zunächst mit Palmkohl auslegen, darauf eine dünne Schicht Rahmkürbis geben, dann wieder Palmkohl und wieder Kürbis. Beides abwechselnd schichten, mit Palmkohl abschließen. Die oberste Kohllage mit Olivenöl bepinseln und die Lasagne im Ofen bei 160 °C Ober- und Unterhitze 35 Minuten backen. Lasagne aus dem Ofen nehmen und vor dem Servieren 30 Minuten ruhen lassen.

Spicy Rohkost mit Hotwings

8 Hähnchenflügel
1 großer Spitzkohl
¼ frische Ananas
2 Frühlingszwiebeln
1 Bund frischer Koriander (oder Petersilie)
50 g ungesalzene Cashewkerne

BARBECUE-MARINADE
1 Chilischote (Schärfe nach Geschmack)
1 TL Paprikapulver
1 Knoblauchzehe
Meersalz und Pfeffer aus der Mühle
2–3 EL kalt gepresstes Olivenöl

CHILIDRESSING
1 rote Chilischote
1 Bund Dill
Saft von 1–2 Limetten
1 TL flüssiger Honig
100 ml kalt gepresstes Olivenöl
Meersalz und Pfeffer aus der Mühle

BARBECUE-MARINADE: Chili hacken und mit Paprika, geschältem Knoblauch, Salz, Pfeffer und Olivenöl im Mixer zu einer Marinade verarbeiten.

Hähnchenflügel darin wenden, dann in einem Gefrierbeutel mindestens 1 Stunde im Kühlschrank ziehen lassen (besser 2–3 Stunden). Hähnchenflügel auf den Grill legen und ca. 3 Minuten grillen. Dann in eine in eine mit Backpapier ausgelegte feuerfeste Form geben und bei indirekter Hitze ca. 15–20 Minuten grillen oder bei 180 °C Umluft für 20 Minuten in den Ofen stellen. Auf einem Stück Backpapier abkühlen lassen.

Spitzkohl vom Strunk befreien und die äußeren Blätter entfernen. Kohl in größere Stücke brechen. Bei der Ananas Boden und Blütenansatz abschneiden und die Frucht mit einem scharfen Messer schälen. Dann die Ananas auf ein Brett stellen und das Fruchtfleisch rund um den harten Strunk abschneiden. Die Hälfte der Frucht in feine, dünne Scheiben schneiden. Den Rest können Sie anderweitig verwenden.

Frühlingszwiebeln in feine Ringe schneiden, Korianderblätter abzupfen. In einer heißen, trockenen Pfanne Cashewkerne braten, bis sie leicht gebräunt sind und duften. Abkühlen lassen.

CHILIDRESSING: Chili und Dill fein hacken. Alle Zutaten verrühren und das Dressing mit Limettensaft, Salz und Pfeffer abschmecken.

Kohl, Frühlingszwiebeln und Ananas mit dem Dressing vermengen und mit Cashewkernen, Hähnchenflügeln und frischen Korianderblättern anrichten.

Grüne „Ramen“

Ramen sind ein japanisches Gericht, das gut zu der Art und Weise passt, wie wir in Dänemark Gemüse essen. In seiner einfachsten Form sind Ramen eine Nudelsuppe, bestehend aus einer Bouillon und Nudeln, rohem saisonalem Gemüse und häufig einem Ei. Sie können im Grunde alle Gemüsesorten verwenden, die schön knackig sind. Das Wichtigste ist der Fond, der am besten ein paar Stunden stehen und durchziehen sollte.

GEMÜSEFOND
1 Zwiebel
1 Stange Lauch
6 Stück süßes Wurzelgemüse (z.B. Möhren, Pastinaken, Petersilienwurzel)
½ Sellerieknolle
1 l Wasser
1 Handvoll getrocknete Shiitakepilze
1 Handvoll frischer Zitronenthymian
nach Geschmack das Grün des Wurzelgemüses oder verschiedene Kräuter
10 ganze Pfefferkörner
3 EL Tamari oder Sojasauce
1 EL fein geriebener Ingwer
Meersalz

EINLAGE
½ Rotkohl
2 Frühlingszwiebeln
2 Möhren
4 Eier
150 g Nudeln
1 Handvoll Korianderblätter

GEMÜSEFOND: Gemüse putzen, in größere Stücke schneiden und mit Wasser, Pilzen, Zitronenthymian, Gemüsegrün und Pfefferkörnern in einen großen Topf geben. Aufkochen und ein paar Stunden bei mittlerer Hitze köcheln lassen. Anschließend Gemüse herausnehmen und den Fond durch ein Sieb in einen anderen Topf abgießen. Fond eine weitere halbe Stunde kochen. Dann Tamari, frisch geriebenen Ingwer und Salz hinzufügen. Nicht vergessen, den Fond mit Salz abzuschmecken.

EINLAGE: Rotkohl vom Strunk befreien, die äußeren Blätter entfernen und den Kohl ganz fein schneiden. Frühlingszwiebeln in feine Streifen schneiden. Möhren schälen und ebenfalls in Streifen schneiden. Eier in kochendem Wasser 7–8 Minuten mittelhart kochen. Kochendes Wasser über die Nudeln gießen. Nudeln 1 Minute ziehen lassen. Korianderblätter abzupfen.

Gemüsesorten und Nudeln auf vier tiefe Schalen verteilen, dabei alle Zutaten nebeneinander anrichten. Eier pellen, halbieren und je zwei Hälften auf das Gemüse legen. Zum Schluss den kochend heißen Fond angießen, die Suppe mit Kräutern garnieren und sofort servieren.

TIPP: Heben Sie die Gemüsereste vom Fondkochen auf. Püriert ergeben sie ein leckeres Wurzelgemüsepüree für den nächsten Tag.

Wintersalat mit Lauchpesto

50 g getrocknete Kichererbsen
Meersalz
½ lila Spitzkohl
2 Blätter Grünkohl
2 Möhren
2 Birnen

LAUCHPESTO
1 Stange Lauch (der grüne Teil)
50 ml kalt gepresstes Olivenöl
Meersalz und Pfeffer aus der Mühle
Saft von 1 Bio-Zitrone
40 g frisch geriebener Parmesan
75 g gesalzene Erdnüsse + etwas zur Dekoration

Kichererbsen über Nacht einweichen. Am nächsten Tag das Wasser abgießen und die Kichererbsen ca. 50–60 Minuten in frischem, leicht gesalzenem Wasser kochen. Kichererbsen abschütten und in einem Durchschlag abtropfen lassen. Spitzkohl in größere Stücke brechen. Grünkohlblätter von den Stielen befreien und klein schneiden. Möhren schälen und mit einem Kartoffelschäler zu hauchdünnen Streifen verarbeiten. Birnen halbieren, in Spalten schneiden und Kerngehäuse entfernen.

LAUCHPESTO: Den grünen Teil des Lauchs abschneiden und mit Olivenöl, Salz, Pfeffer, Zitronensaft und frisch geriebenem Parmesan mixen. Zum Schluss Erdnüsse hinzufügen und zu einer glatten Masse pürieren. Das Pesto abschmecken, es sollte recht würzig sein.

Gemüse mit dem Pesto vermengen, dann den Salat mit den Kichererbsen anrichten und zum Schluss mit ein paar gesalzenen Erdnüssen garnieren.

TIPP: Wenn Sie den Salat mittags als sättigende Mahlzeit essen möchten, können Sie noch ein gekochtes Ei hinzufügen.

Blumenkohlsuppe mit Meerrettich und Kohl-„Speck“

1 Schalotte
2 EL kalt gepresstes Olivenöl
1 Blumenkohl
Meersalz und Pfeffer aus der Mühle
1 l Gemüsefond (siehe unten)
1 Knoblauchzehe
1–2 EL Apfelessig
3 EL frisch geriebener Meerrettich
300 ml Sahne
1 Handvoll Dill
1 Portion Kohlspeck (siehe Seite 178)

GEMÜSEFOND MIT KNOLLENSELLERIE
½ Sellerieknolle
3 Möhren
2 Zwiebeln
1 Stange Lauch
2 Lorbeerblätter
10 Pfefferkörner
1 EL grobes Salz
mindestens 1 l Wasser

Schalotte schälen und fein würfeln. In einem Topf Olivenöl erhitzen und die Schalotten bei schwacher Hitze 3–4 Minuten erhitzen. Beim Blumenkohl die äußeren Blätter entfernen und den Kopf in kleine Röschen zerteilen. Zur Schalotte in den Topf geben und bei schwacher Hitze 8–10 Minuten braten. Mit Salz und Pfeffer würzen.

Anschließend Gemüsefond angießen, Knoblauch schälen, fein hacken und zugeben. Das Ganze 20 Minuten köcheln lassen. Apfelessig und Meerrettich hinzufügen und die Suppe mit einem Stabmixer pürieren. Sahne hinzufügen und die Suppe schön heiß werden lassen. Mit Salz und Pfeffer abschmecken. Dill abzupfen. Suppe mit etwas Kohlspeck und Dill garnieren und heiß servieren.

GEMÜSEFOND MIT KNOLLENSELLERIE: Knollensellerie, Möhren und Zwiebeln schälen und in größere Stücke schneiden. Gemüse und die ganze Lauchstange mit Lorbeerblättern, Pfefferkörnern und Salz in einen Topf geben und mit Wasser auffüllen, bis das Gemüse komplett bedeckt ist. Ein paar Stunden schwach köcheln lassen. Den Fond abseihen.

Rosenkohltraum

30 große Rosenkohlröschen
1 kleine Chilischote
1 Knoblauchzehe
2 EL kalt gepresstes Olivenöl
Meersalz und Pfeffer aus der Mühle
50 g ungesalzene Cashewkerne
1 Packung Azukibohnensprossen (oder andere Sprossen)
1 Handvoll Kapuzinerkresse (oder ein anderes Kraut)

ROSENKOHLDRESSING
Schale und Saft von 1 Bio-Zitrone
100 ml kalt gepresstes Olivenöl
35 ml Tamari oder Sojasauce
Meersalz und Pfeffer aus der Mühle

Die äußeren Blätter des Rosenkohls abziehen, Strünke abschneiden. Die Hälfte der Rosenkohlröschen vierteln. Die andere Hälfte in einzelne Blätter trennen. Chili entkernen und fein hacken. Knoblauch schälen und fein hacken.

In einer Pfanne 2 EL kalt gepresstes Olivenöl erhitzen. Knoblauch und Chili hinzufügen und die Rosenkohlviertel bei starker Hitze braten, bis sie Farbe bekommen haben und leicht weich sind. Mit Salz und Pfeffer würzen. Anschließend aus der Pfanne nehmen und abkühlen lassen.

ROSENKOHLDRESSING: Zitronensaft und -abrieb mit Olivenöl und Tamari verrühren und mit Salz und Pfeffer abschmecken.

In einer trockenen Pfanne Cashewkerne rösten, bis sie goldbraun sind und ganz schwach angebrannt riechen. Gebratenen und rohen Rosenkohl mit dem Dressing, den Sprossen und der Hälfte der Cashewkerne vermengen. Salat anrichten und mit Sprossen, Kräutern und Cashewkernen garnieren.

Grünkohl-Taboulé mit Quinoa, Früchten und Haselnüssen

2 Blätter Grünkohl
80 g rote Quinoa
Meersalz
1 rote Zwiebel
10 getrocknete Tomaten
2 Äpfel
70 g Haselnüsse
1 Handvoll gemischte Kräuter (hier Petersilie und Bronzefenchel)
45 g schwarze Oliven

TOMATENDRESSING
200 ml Apfelsaft
1 EL konzentriertes Tomatenmark
1 Knoblauchzehe
Saft von ½ Zitrone
Meersalz und Pfeffer aus der Mühle
50 ml kalt gepresstes Olivenöl

Grünkohlblätter von Stielen befreien und fein hacken. Quinoa ca. 10–15 Minuten in leicht gesalzenem Wasser kochen, anschließend abgießen und abtropfen lassen. Zwiebel schälen und fein hacken, getrocknete Tomaten in Streifen schneiden. Äpfel vom Kerngehäuse befreien und würfeln. In einer trockenen Pfanne die Haselnüsse rösten, bis leicht gebräunt sind. Anschließend die Häutchen mit einem sauberen Küchentuch abreiben. Kräuter grob hacken.

TOMATENDRESSING: In einem Topf Apfelsaft erhitzen und 10–12 Minuten köcheln lassen, bis er auf die Hälfte reduziert ist. Den Sirup herunterkühlen. Tomatenmark mit ausgepresstem Knoblauch, Zitronensaft, Apfelsirup, Salz und Pfeffer vermengen. Danach Olivenöl nach und nach unterrühren.

Gemüse und Quinoa mit dem Dressing sowie der Hälfte der Nüsse und der Oliven mischen. Salat anrichten und mit restlichen Oliven, Haselnüssen und Kräutern garnieren.

Risotto mit Pilzen und Grünkohl

RISOTTO

100 g Pilze
2 Blätter Grünkohl
1 rote Zwiebel
50 ml Olivenöl
2 × 50 g Butter
400 g Risottoreis
100 ml Weißwein
1 l Hühnerfond (siehe unten)
100 g frisch geriebener Parmesan
Meersalz und Pfeffer aus der Mühle

HÜHNERFOND

2 Petersilienwurzeln
1 Pastinake
3 Möhren
2 Zwiebeln
1 Stange Lauch
2 Hühneroberschenkel oder -brüste mit Haut
2 Lorbeerblätter
10 Pfefferkörner
1 EL grobes Salz
mindestens 1 l Wasser

HÜHNERFOND: Wurzelgemüse schälen und bei Zwiebeln und Lauch die äußere Schicht entfernen. Gemüse in größere Stücke schneiden. Dann Gemüse und Hühnerstücke mit Lorbeerblättern, Pfefferkörnern und Salz in einen Topf geben und mit Wasser auffüllen, bis alles komplett bedeckt ist. Ein paar Stunden schwach köcheln lassen. Fond abseihen und das Fleisch aufheben. Es lässt sich unter anderem als Aufschnitt weiterverwenden.

RISOTTO: Pilze mit einem Pinsel säubern oder vorsichtig unter kaltem Wasser abspülen. Pilze grob hacken. Grünkohlblätter von Stielen befreien und fein hacken. Zwiebel schälen und fein hacken. In einer Pfanne Olivenöl und 50 g Butter erhitzen und zunächst die Zwiebel 1–2 Minuten anbraten, dann die Pilze und den Grünkohl hinzufügen. Das Ganze ein paar Minuten braten.

Jetzt Risottoreis zugeben und ein paar Minuten unter Rühren anschwitzen. Weißwein angießen und weiterrühren, bis der Wein verdampft ist. In den nächsten 16–18 Minuten in regelmäßigen Abständen Hühnerfond angießen, während Sie weiterrühren, damit der Reis nicht anbrennt. Der Reis quillt in der Zwischenzeit. Wenn er gar ist (zwischendurch probieren), 50 g Butter und den geriebenen Parmesan zugeben und noch ein paar Minuten unter Rühren weiterköcheln. Mit Salz und Pfeffer abschmecken.

Das Risotto sollte cremig sein, nicht flüssig. Vor dem Servieren das Risotto zugedeckt 5 Minuten stehen lassen.

Die Festlichen

Bei den Festlichen handelt es sich um Gerichte, die ich für besondere Anlässe entwickelt habe. Momente, in denen wir zusammenkommen, um z.B. einen Feiertag zu begehen. Gerichte für Ostern oder Pfingsten, Weihnachten, St. Martin oder Neujahr. Alle jedoch in einem neueren, modernen Kontext.

Oster- und Pfingstsalat

6 Stangen weißer und 6 Stangen grüner Spargel
Salz
2 Eier
1 kleiner Spitzkohl
1 Avocado
4 Scheiben gebeizter Lachs
ein paar Kapern zum Garnieren
1 Handvoll Stiefmütterchen-Blüten, 1 Topf Kapuziner-kresse oder andere ess-bare Blüten oder Kräuter

OSTERSALAT-VINAIGRETTE
2 EL Kapern
1 EL grober Senf
35 ml Sherryessig
½ TL Honig
Meersalz und Pfeffer aus der Mühle
100 ml kalt gepresstes Olivenöl

Weißen Spargel sorgfältig schälen und das untere, holzige Ende abschneiden. Beim grünen Spargel nur die holzigen Enden abschneiden. In einem großen Topf gesalzenes Wasser zum Kochen bringen. Weißen Spargel 2–3 Minuten kochen (die Kochzeit hängt von der Dicke des Spargels ab), bis er weich ist. Dann die Stangen aus dem Topf nehmen und auf einem Geschirrtuch abtropfen lassen. Grünen Spargel für 30 Sekunden ins kochende Wasser halten, dann herausnehmen und ebenfalls auf ein Küchentuch legen.

Beide Spargelsorten in schräge, 3–4 cm lange Stücke schneiden. Eier 8 Minuten kochen und dann in kaltes Wasser legen. Anschließend schälen und halbieren. Spitzkohl vom Strunk befreien und die zarten Blätter entfernen, sodass Sie vier Schiffchen erhalten. Den restlichen Kohl in feine Streifen schneiden.

OSTERSALAT-VINAIGRETTE. Kapern fein hacken und mit Senf, Sherryessig, Honig, Salz und Pfeffer mischen. Olivenöl nach und nach unterrühren. Zunächst in einem dünnen Strahl, dann immer mehr, bis Sie ein dickes, homogenes Dressing erhalten. Dressing abschmecken – es sollte säuerlich sein.

Avocado schälen, Stein entfernen und das Fruchtfleisch fein würfeln. Spargel, Avocado und Kohlstreifen mit der Vinaigrette vermengen. In den Kohlschiffchen zunächst etwas Lachs anrichten, daneben den Salat und ein halbes Ei.

Mit Kapern und essbaren Stiefmütterchenblüten, Kapuzinerkresse oder Schnittlauch und Schnittlauchblüten garnieren.

Festtagssalat

1 Spitzkohl
65 g Mandeln
100 g frische Himbeeren

GROSSMUTTERS DRESSING
4 EL weißer Balsamico
4 EL Rohrzucker
100 ml Schlagsahne
Meersalz und weißer Pfeffer aus der Mühle

Äußere Blätter des Spitzkohls entfernen. Den Kohl entweder mit einem scharfen Messer oder auf einer Mandoline in dünne Streifen schneiden.

GROSSMUTTERS DRESSING: Balsamico mit Zucker verrühren, bis dieser sich aufgelöst hat. Dann Schlagsahne hinzufügen und kräftig verrühren, bis die Masse leicht andickt. Mit Salz und weißem Pfeffer abschmecken.

In einer trockenen Pfanne die Mandeln rösten, bis sie leicht gebräunt sind. Anschließend abkühlen lassen und grob hacken. Kohl, Himbeeren und Dressing vermengen und den Salat anrichten. Zum Schluss mit den Mandeln garnieren.

Konfirmation und Taufe

Dieser Salat eignet sich sehr gut für größere Gesellschaften. Er schmeckt den meisten und lässt sich gut vorbereiten. Mit dem Mischen und Anrichten des Salates sollten Sie aber warten, bis die Gäste eingetroffen sind.

600 g neue Kartoffeln
Meersalz
10 Stangen grüner Spargel
½ Spitzkohl
1 Schale Erdbeeren
1 Handvoll Dill
1 Portion schnell eingelegte rote Zwiebeln (siehe Seite 23)
essbare Blüten (hier Stiefmütterchen)
Pfeffer aus der Mühle

DRESSING MIT SÜSSEM SENF

1 EL süßer Senf
1 TL Dijonsenf
35 ml weißer Balsamico
Meersalz und Pfeffer aus der Mühle
100 ml Olivenöl

Kartoffeln schälen und in einen Topf mit Wasser und Salz geben. Wasser zum Kochen bringen und die Kartoffeln 5 Minuten kochen. (Wenn Sie keine neuen Kartoffeln verwenden, müssen sie 10 Minuten kochen.) Den Topf vom Herd nehmen und die Kartoffeln im Kochwasser 10–15 Minuten ziehen lassen. Mit einem Schälmesser in die Kartoffeln stechen, und wenn sie gerade vom Messer rutschen, sind sie gar.

Wasser abgießen und die Kartoffeln in einem Durchschlag abtropfen lassen. Es ist wichtig, dass sie „ausdampfen" dürfen und nicht mit kaltem Wasser abgeschreckt werden, denn nur so erhalten sie die perfekte, feste Konsistenz. Kartoffeln vierteln.

Beim Spargel das holzige Ende abschneiden und die Stangen schräg in feine Stücke schneiden. Beim Spitzkohl die äußeren Blätter entfernen und den Kohl in kleine Stücke brechen. Dill abzupfen. Erdbeeren putzen und in Scheiben schneiden.

DRESSING MIT SÜSSEM SENF: Beide Senfsorten, Balsamico, Salz und Pfeffer verrühren. Danach Olivenöl nach und nach unterrühren. Öl in einem dünnen Strahl zugießen, bis das Dressing andickt.

Gemüse und eingelegte Zwiebeln mit dem Dressing mischen und den Salat auf einer Platte anrichten. Zum Schluss mit Erdbeeren, essbaren Blüten, Dill und frisch gemahlenem Pfeffer garnieren.

Salat zur Martinsgans

½ Wirsing
2 Äpfel
3 Topinamburknollen
120 g Brombeeren (oder Heidelbeeren)

MARTINS-DRESSING
2 Handvoll gehackte Petersilie
100 ml Olivenöl
35 ml Apfelcider
1 kleine Knoblauchzehe
20 Mandeln
Meersalz und Pfeffer aus der Mühle
2 EL Crème légère

Vom Wirsing die äußeren groben Blätter entfernen und den Kohl in feine Streifen schneiden. Äpfel in Spalten schneiden und Kerngehäuse entfernen. Topinamburknollen schälen und in feine Scheiben schneiden.

MARTINS-DRESSING: Petersilie, Olivenöl, Apfelcider, geschälten Knoblauch, Mandeln, Salz und Pfeffer zu einem leicht flüssigen Pesto mixen. Ggf. mit etwas Olivenöl verdünnen, es sollte eher flüssig als fest sein. Crème légère unterrühren und das Dressing mit Salz und Pfeffer abschmecken.

Wirsing, Äpfel, Topinambur und Brombeeren mit dem Pesto vermengen und auf einer Platte anrichten. Sind die Brombeeren besonders groß, können Sie sie wie hier halbieren. Sie können Sie auch durch Heidelbeeren ersetzen.

Neujahrssalat mit Topinamburchips und Kräutern

1 Spitzkohl
1 große Fenchelknolle
1 kleiner lila Kopf Radicchio
1 Packung Brunnenkresse
1 Packung roter Sauerklee (optional)
1 Portion Vinaigrette mit gebackenem Knoblauch (siehe Seite 61)

TOPINAMBURCHIPS
3 Topinamburknollen
Olivenöl zum Braten
Meersalz

TOPINAMBURCHIPS: Topinamburknollen waschen und auf einer Mandoline oder mit einem scharfen Messer in sehr dünne Scheiben schneiden. In einer Pfanne Olivenöl erhitzen und die Scheiben darin goldgelb braten. Dann herausnehmen, auf einem Stück Backpapier ausbreiten und mit etwas Salz bestreuen.

Die äußeren Blätter des Spitzkohls abziehen, den Strunk abschneiden. Die Blätter nacheinander im Ganzen ablösen. Beim Fenchel den Strunk abschneiden und die Blattscheiden etwas auffächern. Fenchel auf einer Mandoline in hauchdünne Scheiben schneiden. Radicchio halbieren und in feine Stücke brechen.

Dressing mit Fenchel, Radicchio, etwas Brunnenkresse und Sauerklee vermengen. Den Salat auf 4 Tellern anrichten. Zum Schluss mit noch mehr Kräutern und den Topinamburchips anrichten.

TIPP: Der Salat passt perfekt zu einem Neujahrsessen mit rotem Fleisch oder Schalentieren.

Weihnachtsrotkohl

Dieses Rezept hat mein Liebster Per erfunden. Es braucht etwas Zeit, aber der Rotkohl hat dafür so viel Geschmack und Charakter zu bieten, dass er alle Rotkohlrezepte um Längen schlägt, die ich im Laufe der Zeit ausprobiert habe. Er ersetzt den gekochten oder gekauften Weihnachtsrotkohl auf der Festtagstafel und kann lauwarm oder auch kalt am Tag danach gegessen werden. Im Kühlschrank hält er sich bis zu einen Monat.

12–16 Personen

1 Bio-Rotkohl
2 × 150 g Rohrzucker
2 × 1 EL Entenschmalz (oder kalt gepresstes Olivenöl)
2 × 100 ml Apfelessig
1 (Tahiti-)Vanilleschote
250 g gefrorene Heidelbeeren (alternativ Brombeeren oder Aroniabeeren)
250 g getrocknete Feigen
150 g Sultaninen
400 ml Apfelsaft
Meersalz und Pfeffer aus der Mühle

TIPP: Die Portion reicht für 12–16 Personen, da der Kohl so groß ist.

Rotkohl entweder mit einem scharfen Messer oder auf einer Mandoline in feine Streifen schneiden. In einer großen Pfanne 150 g Rohrzucker schmelzen, bis er goldbraun ist. 1 EL Entenschmalz und die Hälfte des geschnittenen Kohls hinzufügen und das Ganze ca. 20–25 Minuten braten, bis die Flüssigkeit verdampft ist. Es kann sein, dass der Zucker an den Rändern etwas klumpt, aber wenn Sie ihn wieder in die Mitte schieben, schmilzt er. Versuchen Sie, nicht zu viel zu rühren. Wenn der Kohl all seinen Saft abgegeben hat, Apfelessig hinzufügen und verdampfen lassen, das dauert ca. 10 Minuten.

Vanilleschote längs aufschneiden und mit einem Messer das Mark herauskratzen. Mark und Vanilleschote zur Seite stellen. Den karamellisierten Kohl mit den gefrorenen Heidelbeeren, dem Vanillemark und der -schote, den fein gewürfelten Feigen und den Sultaninen in einen Topf geben.

In der Pfanne die Schritte mit der anderen Hälfte des Kohls wiederholen. Diesen mit dem anderen Kohl mischen. Jetzt Apfelsaft angießen und den Kohl mindestens 15 Minuten lang bei schwacher Hitze umrühren, bis die Flüssigkeit fast vollständig verschwunden und der Kohl „mürbe" ist. Mit Salz und Pfeffer abschmecken.
Der gebratene Rotkohl darf gern ein paar Tage ziehen, dadurch wird er noch besser. Zum Aufwärmen evtl. etwas Entenschmalz hinzufügen.

Bacon mit Weihnachtsapfel und Kohl

8 Scheiben gepökelter Bacon
kalt gepresstes Olivenöl
½ kleine Kohlrübe
3 Speiseäpfel (Belle oder Boskop)
3 rote Zwiebeln
Meersalz und Pfeffer aus der Mühle
1 Handvoll frischer Thymian

Baconscheiben in etwas Olivenöl braten, bis sie auf beiden Seiten knusprig sind. Sie dürfen ruhig noch etwas zäh und nicht ganz durchgebraten sein. Speck aus der Pfanne nehmen und auf einem Stück Küchenpapier abtropfen lassen.

Kohlrübe schälen und grob würfeln. In einer Pfanne 3 EL Olivenöl erhitzen und die Kohlrübenwürfel bei starker Hitze ca. 7–9 Minuten braten, bis sie goldbraun sind. Aus der Pfanne nehmen.

Äpfel halbieren, Kerngehäuse entfernen und die Früchte würfeln. Zwiebeln schälen und in feine Ringe schneiden. In der Pfanne 5 EL Olivenöl erhitzen und Äpfel und Zwiebeln bei mittlerer Hitze braten, bis die Zwiebeln glasig sind und die Äpfel anfangen zu karamellisieren. Es dauert etwa 15–20 Minuten, bis die Zuckerstoffe in den Äpfeln zu arbeiten beginnen. Kohlrüben hinzufügen und ein paar Minuten umrühren. Zum Schluss mit reichlich Salz und Pfeffer würzen.

Den Apfel-Kohl mit den Baconscheiben auf einer Platte anrichten. Mit frischem Thymian garnieren.

Salat mit Zitronen-Rotkohl
zum Weihnachtslunch
(siehe Seite 156)

Salat mit Rote-Bete-
Birnen zum Heiligabend
(siehe Seite 157)

Salat mit Zitronen-Rotkohl zum Weihnachtslunch

1 kleiner Rotkohl
Saft und Schale von 1 Bio-Zitrone
2 EL kalt gepresstes Olivenöl
1 TL Honig
2 Stangen Staudensellerie
1 Granatapfel
2 Äpfel
10 getrocknete Feigen
50 g Pekannüsse (oder Walnüsse)

WEIHNACHTSDRESSING MIT DUNKLEM BALSAMICO
50 ml dunkler Balsamico
50 ml kalt gepresstes Olivenöl
Meersalz und Pfeffer aus der Mühle

Rotkohl vom Strunk befreien, die äußeren Blätter entfernen, Kohl halbieren und auf einer Mandoline in feine Streifen schneiden.

Schale der Zitrone abreiben und den Saft auspressen. Olivenöl und Honig einrühren. Den Kohl in einen Gefrierbeutel füllen und mit der Marinade begießen. Beutel verschließen, kräftig durchschütteln und für mindestens 12 Stunden in den Kühlschrank legen. Zwischendurch den Beutel ein paar Mal wenden.

Grüne Blätter der Selleriestangen abschneiden und zur Seite stellen. Sellerie in schmale Scheiben schneiden. Granatapfel halbieren und mit einem Kochlöffel die Kerne herausklopfen. Äpfel in Spalten schneiden und Kerngehäuse entfernen. Mit einer Schere die Feigen in kleine Stücke schneiden.

WEIHNACHTSDRESSING MIT DUNKLEM BALSAMICO: Balsamico, Olivenöl, Salz und Pfeffer verrühren.

Rotkohl, Sellerie und Früchte mit dem Dressing vermengen und den Salat anrichten. Mit Pekannüssen und ein paar Sellerieblättern garnieren.

TIPP: Der Salat ist säuerlich, elegant und knackig und passt eigentlich zu allen Gerichten für das Weihnachts-Festessen.

Salat mit Rote-Bete-Birnen zum Heiligabend

4 Blätter Grünkohl
70 g Haselnüsse
3 Blutorangen
150 g Heidelbeeren
2 Rote-Bete-Birnen

ROTE-BETE-BIRNEN
100 ml Apfelcider
50 ml Wasser
40 g Rohrzucker
1 kleine Rote Bete
2 Birnen

ESSIG-ÖL-DRESSING
50 ml weißer Balsamico
1 EL Dijonsenf
150 ml kalt gepresstes Olivenöl
Meersalz und Pfeffer aus der Mühle

TIPP: Am besten die Birnen ein paar Tage vorher einlegen. Mit ihrer säuerlichen Note passen sie auch hervorragend zu anderen eher üppigen Weihnachtsgerichten.

TIPP: Der Salat passt an Heiligabend nicht nur zur Ente, sondern auch zu Rippchen.

Zunächst die Rote-Bete-Birnen zubereiten.

ROTE-BETE-BIRNEN: Apfelcider, Wasser und Rohrzucker erhitzen, bis der Zucker sich aufgelöst hat. Rote Bete schälen und in ein Einmachglas legen. Birnen mit Kerngehäusen in hauchdünne Scheiben schneiden. Ich mache das immer auf einer scharfen Mandoline. Die Scheiben mit dem Sud ins Einmachglas füllen und mindestens 12 Stunden ziehen lassen. So werden sie weich, säuerlich und rot.

Grünkohlblätter vom Stiel zupfen und fein hacken. In einer Pfanne die Haselnüsse rösten, bis sie leicht gebräunt sind und die Haut abfällt. Mit einem Küchenhandtuch die restliche Haut abreiben.

Blutorangen schälen, dazu erst oben und unten ein Stück Schale abschneiden, die Orange aufstellen und das Messer vorsichtig unter der Schale von oben nach unten führen. Zwischen den weißen Häutchen die Filets herausschneiden. Sie können die Orangen auch pellen und danach quer in Scheiben schneiden.

ESSIG-ÖL-DRESSING: Balsamico, Senf, Olivenöl, Salz und Pfeffer zu einem Dressing verrühren.

Grünkohl und Heidelbeeren mit dem Dressing vermengen und vorsichtig die Rote-Bete-Birnen, Blutorangenfilets und Haselnüsse unterheben. Am besten mit ein paar zusätzlichen eingelegten Birnenscheiben garnieren.

Neujahrskohl

In vielen dänischen Familien isst man traditionell an Neujahr Grünkohl. Ein Gericht, das häufig schwer im Magen liegt – jedoch nicht in dieser kalt zubereiteten Variante, die ich kreiert habe. So bleibt das Knackige des Grünkohls erhalten und das Gericht bekommt mehr Aroma und Säure. Die Zubereitung ist ganz einfach, und der Kohl passt gut zu Kohlwürsten und Kassler.

5 Blätter Grünkohl
2 rote Zwiebeln
kalt gepresstes Olivenöl
Meersalz und Pfeffer aus der Mühle
1 große Kohlrübe (oder Pastinake)
1 TL frisch geriebener Muskat

NEUJAHRSMARINADE
35 ml Sherryessig (oder dunkler Balsamico)
100 ml kalt gepresstes Olivenöl
Meersalz und Pfeffer aus der Mühle

Grünkohlblätter von Stielen befreien und fein hacken.

NEUJAHRSMARINADE: Sherryessig, Olivenöl, Salz und Pfeffer verrühren.

Grünkohl mit der Marinade vermengen und ein paar Stunden ziehen lassen.

Zwiebeln schälen, halbieren und in einer Pfanne in etwas Olivenöl auf der flachen Seite 10 Minuten braten. Mit reichlich Salz und Pfeffer würzen. Sie dürfen ruhig recht dunkel werden, das intensiviert den Geschmack.

Kohlrübe schälen und in Dreiecke schneiden. Die Stücke in einer Pfanne in Olivenöl braten, bis sie schön braun sind. Mit reichlich Salz, Pfeffer und frisch geriebenem Muskat würzen.

Zwiebeln in die einzelnen Blätter zerteilen. Kohl mit gebratener Kohlrübe und Zwiebelblättern anrichten.

Die Schnellen

Die Gerichte in diesem Kapitel reichen von Brotaufstrichen, Snacks und Eingelegtem bis hin zu Fastfood, Pestos und Proviant für unterwegs. Es sind einfache Rezepte für Kohlliebhaber aller Altersstufen, für die Geschmack das Wichtigste ist.

Hotdogs mit knackigem Kohl

kalt gepresstes Olivenöl
4 Würstchen
1–2 Blätter Grünkohl
4 Hotdog-Brötchen
4 EL Cashewsenf (siehe Seite 200)
4 EL Chilimarmelade (siehe Seite 199)
4 EL gelbes Kraut (siehe Seite 192)

In einer Pfanne 2 EL Olivenöl erhitzen und darin die Würstchen bei schwacher Hitze braten, bis sie durch und gebräunt sind. Das dauert bis zu 15 Minuten. Achten Sie darauf, dass die Würstchen nicht zu heiß gebraten werden, sonst platzen sie leicht auf.

Grünkohlblätter abzupfen und in mittelgroße Stücke zerteilen. In einem Topf etwas Olivenöl erhitzen und den Grünkohl darin braten, bis er knusprig ist. Das dauert 2–3 Minuten.

Grünkohl aus dem Topf nehmen und auf einem Stück Küchenpapier abtropfen lassen.

Brötchen im Ofen bei 200 °C Ober- und Unterhitze 3–4 Minuten erwärmen und die ganzen Brötchen mit Würstchen, Cashewsenf, Chilimarmelade, Kraut und knusprigem Grünkohl servieren.

TIPP: Schneiden Sie die Brötchen an einer Längsseite dreieckig ein, statt sie ganz aufzuschneiden. Dann mit Senf beschmieren und Wurst und Füllung in die Einkerbung legen.

TIPP: Ein wunderbarer Mitternachtssnack!

TIPP: Sie können die Hotdogs auch mit Kohlchips (siehe Seite 178) „krönen".

Sesam-Kebab

400 g Rinderhackfleisch (am besten mit hohem Fettanteil, damit der Kebab nicht trocken wird)
Meersalz und Pfeffer aus der Mühle
1 Handvoll frischer Koriander (oder 1 TL zerstoßener)
1 Handvoll Petersilie
1 Knoblauchzehe
Schale von 1 Bio-Zitrone
1 TL zerstoßener Kreuzkümmel
70 g Sesam
4 Wirsingblätter
1 EL kalt gepresstes Olivenöl
1 EL weißer Balsamico
8 Pitabrote
1 Portion Kohlzaziki (siehe Seite 200)

Rinderhackfleisch mit etwas Salz durchkneten, bis sich das Salz aufgelöst hat. Koriander und Petersilie fein hacken. Knoblauch auspressen, Zitronenschale fein reiben. Koriander, Petersilie, Zitronenabrieb, Knoblauch und Kreuzkümmel unter die Farce rühren und diese mit Salz und Pfeffer abschmecken. Eine halbe Stunde ziehen lassen.

Den Ofen auf 225 °C Ober- und Unterhitze vorheizen. Aus der Hackfleischfarce kleine Bällchen formen und in Sesam wälzen. Die Bällchen auf ein mit Backpapier ausgelegtes Backblech legen und im heißen Ofen ca. 10 Minuten backen. Anschließend herausnehmen und abkühlen lassen.

Wirsingblätter fein schneiden. Olivenöl, weißen Balsamico, Salz und Pfeffer verrühren und den Kohl mit dem Dressing vermengen.

Die Pitabrote im Ofen erwärmen und die Fleischbällchen mit Pitabrot, Kohlsalat und Zaziki servieren.

TIPP: Für die Fleischbällchen können Sie auch gemischtes Hackfleisch verwenden.

Spitzkohl mit Nudeln, Chili und Gomadressing

1 Person

- ¼ Spitzkohl oder Weißkohl
- 1 farbige Möhre
- 1 Handvoll Petersilie
- 1 rote Chilischote (nach Geschmack)
- 100 g Nudeln
- ½ Portion Gomadressing (siehe Seite 45)
- 2 Scheiben gepökelter Bacon
- 60 g Heidelbeeren
- 40 g gesalzene Erdnüsse

Spitzkohl in ganz feine Streifen schneiden. Die Möhre in feine Julienne schneiden. Petersilie grob hacken. Chili entkernen und fein hacken.

Nudeln mit kochendem Wasser übergießen. Mit einem Teller abdecken und nach Packungsanweisung ziehen lassen, bis sie gar sind. In einem Durchschlag abkühlen lassen.

Den Salat in einem Einmachglas servieren. Zunächst das Dressing einfüllen. Darauf den Kohl, dann Chili, Speck, Möhren, Nudeln, Heidelbeeren, Petersilie und zum Schluss Erdnüsse schichten. Das Glas sollte nicht bis oben voll sein. Vor dem Servieren das Glas kräftig schütteln.

Grünkohl-Taboulé mit Quinoa, Speck und Dressing mit gelbem Kraut

1 Person

1 Blatt Grünkohl (ergibt fein gehackt 2 Handvoll)
80 g rote Quinoa
Meersalz
2 Scheiben gepökelter Bacon
kalt gepresstes Olivenöl
2 Topinamburknollen
2 EL gelbes Kraut (siehe Seite 192)
1 EL griechischer Joghurt
½ Portion Gomadressing (siehe Seite 45)
1 Handvoll fein geschnittener Schnittlauch (oder ein anderes Kraut)

Grünkohlblätter von Stielen befreien und fein hacken. Quinoa ca. 15–20 Minuten in 200 ml leicht gesalzenem Wasser kochen, anschließend abtropfen lassen. Die Schwarte des Bacons abschneiden und den Bacon würfeln. In einer Pfanne in etwas Olivenöl braten, bis sie knusprig sind. Dann auf einem Stück Küchenpapier abtropfen lassen. Topinamburknollen schälen und fein würfeln. Gelbes Kraut mit griechischem Joghurt verrühren.

Den Salat in der folgenden Reihenfolge in einem großen Einmachglas anrichten: Zunächst das Dressing einfüllen. Danach Grünkohl, Tobinambur, Speckwürfel und Quinoa daraufschichten. Zum Schluss mit Schnittlauch bestreuen. Das Glas sollte nicht bis oben voll sein, denn Sie müssen den Salat noch mischen können. Vor dem Genießen das Glas so schütteln, dass sich alle Zutaten mit dem Dressing vermengen.

TIPP: Dieser Salat eignet sich hervorragend für unterwegs.

Sommerrollen mit mariniertem Kohl, Lachs und Goma

½ Spitzkohl
1 Möhre
1 rote Zwiebel
1 Mango
100 g gebeizter Lachs
10 Blätter Reispapier
1 Packung Radieschensprossen (oder andere Sprossen)
1 Bund Dill
1 Portion Gomadressing (siehe Seite 45)

SOMMERMARINADE
2 EL Apfelessig
1 TL Honig
2 EL kalt gepresstes Olivenöl
Meersalz und Pfeffer aus der Mühle

Spitzkohl fein schneiden und Möhre auf einer Mandoline zu sehr dünnen Julienne verarbeiten.

SOMMERMARINADE: Zutaten für die Marinade verrühren, zusammen mit Kohl und Möhren in einen Gefrierbeutel geben, Beutel verschließen und ordentlich schütteln. Etwa eine Stunde ziehen lassen.

Zwiebel schälen und längs in dünne Streifen schneiden. Mango schälen, das Fruchtfleisch rund um den Stein ab- und in feine Streifen schneiden. Lachs in dünne Filets zerteilen. Es ist wichtig, dass Sie alles sehr fein schneiden, dann ist es leichter, die Reispapierrollen zu formen.

Ein Blatt Reispapier ein paar Minuten in kaltes Wasser legen, bis es weich ist. Dann herausnehmen und auf ein Stück Backpapier legen. Etwas geschnittenen Kohl, Möhre, Zwiebel, Mango, Sprossen, Dill und Lachs daraufgeben. Achten Sie darauf, dass die Füllung ein wenig über das Reispapier hinausragt, bevor Sie das Reispapier um die Füllung falten. So entsteht eine Rolle, die an einer Seite offen ist. Die Schritte mit den restlichen Reispapierblättern wiederholen.

Zu den Rollen das Gomadressing servieren.

Roggenbrotsandwich mit pochiertem Ei, Apfelchips und Erbsenhummus

4 Wirsingblätter (oder Grünkohl)
2 EL + 50 ml Apfelessig
2 EL kalt gepresstes Olivenöl
Meersalz und Pfeffer aus der Mühle
1 rote Zwiebel
4 Eier
8 Scheiben kräftiges Roggenbrot
1 Portion Erbsenhummus (siehe Seite 199)
1 Topf Brunnenkresse

APFELCHIPS
2 Äpfel

APFELCHIPS: Äpfel auf einer Mandoline quer in hauchdünne Ringe schneiden und auf einem mit Backpapier belegten Backblech ausbreiten. Ich schneide sie mit Kerngehäuse, damit ich ganze Scheiben erhalte. Im Ofen bei 120 °C Umluft 1 ½–2 Stunden backen. Anschließend die Apfelringe herausnehmen und auf einem Gitter abkühlen lassen.

Wirsingblätter fein hacken. 2 EL Apfelessig, Olivenöl, Salz und Pfeffer zu einer Marinade verrühren. Wirsing mit der Marinade vermengen und ½ Stunde ziehen lassen. Zwiebel schälen und in feine Streifen schneiden.

In einem Topf 1 l Wasser und 50 ml Apfelessig erhitzen. Eier vorsichtig in vier Eierbecher aufschlagen. Wasser umrühren, sodass es in Bewegung kommt, und die Eier eines nach dem anderen vorsichtig in den Topf gleiten lassen. Das Eiweiß mit einem Löffel vorsichtig rund um das Eigelb sammeln und die Eier bei schwacher Hitze 2 ½–3 Minuten kochen. Mit einem Schaumlöffel herausnehmen und sofort in kaltes Wasser legen, damit der Garprozess angehalten wird. Dann auf einem Stück Küchenpapier abtropfen lassen.

Aus Roggenbrot, Erbsenhummus, mariniertem Kohl, Zwiebeln, Brunnenkresse und Apfelchips ein Sandwich zubereiten und zum Schluss das pochierte Ei darauflegen. Mit reichlich Salz und Pfeffer würzen.

Frühlingsrollen mit Kohl und Chilimarmelade

Selbstgemachte Frühlingsrollen sind immer ein Hit. Sie sind ganz einfach zuzubereiten, und es lohnt sich, sie für stressige Tage im Gefrierschrank zu haben. Meist mache ich sie ohne Fleisch. Eine leckere selbstgemachte Chilimarmelade darf aber nie fehlen.

FÜLLUNG

1 kleiner Spitzkohl
1 Möhre
1 Handvoll Edamame (TK-Ware)
Schale und Saft von 2 Bio-Limetten
1 Stängel Zitronengras
2 Stücke frischer Ingwer
1 Bund frischer Koriander
1 Chilischote
70 g Sesam
2 EL Kokosöl zum Braten
Meersalz und Pfeffer aus der Mühle
3 EL Tamari (oder Sojasauce)
100 g frische Bohnensprossen

1 Eigelb (zum Bepinseln)
¼ Packung Frühlingsrollenteig (ca. 21 cm × 21 cm) (erhältlich im Asialaden)
100–200 ml Kokosöl zum Braten
1 Portion Chilimarmelade (siehe Seite 199)

FÜLLUNG: Spitzkohl und Möhre in feine Streifen schneiden. Edamame auftauen. Schale der Limetten abreiben und den Saft auspressen. Zitronengras von den äußersten Blättern befreien und fein hacken. Ingwer schälen und reiben, Koriander hacken. Chili entkernen und klein schneiden. In einer trockenen Pfanne Sesam rösten, bis er leicht gebräunt ist. Die Möhre 1 Minute in einer heißen Pfanne in Kokosöl braten. Die Hälfte des Kohls, den Limettensaft und -abrieb, die Edamame, den Chili und den Ingwer hinzufügen und noch ein paar Minuten braten. Mit Salz und Pfeffer würzen, dann Tamari hinzufügen. Anschließend abkühlen lassen. Jetzt das Gemüse mit der anderen Hälfte des Kohls, dem Koriander, dem gerösteten Sesam und den frischen Bohnensprossen vermengen.

FÜLLEN DER FRÜHLINGSROLLEN: Eigelb mit 1 EL Wasser verquirlen. 3 EL Füllung in die Mitte einer Teigplatte geben. Den Teig einmal über die Füllung falten, dann die Seiten nach innen falten und die Rolle ein paar Mal um die Füllung rollen. Enden mit verquirltem Ei bepinseln und die Rolle verschließen. Den Prozess wiederholen. 3–4 Rollen auf einmal in Kokosöl ca. 3–4 Minuten von jeder Seite braten, bis sie knusprig und goldbraun sind. Frühlingsrollen auf einem Stück Backpapier abkühlen lassen. Sie können sie auch mit Öl bepinseln und bei 200 °C Ober- und Unterhitze im Ofen 12 Minuten backen. Chilimarmelade als Dip dazu servieren.

3 KOHLSÄFTE

Greeny

3 Blätter Grünkohl
1 kleines Stück Ingwer
1 Bio-Zitrone
½ Ananas

Grünkohl vom Stängel zupfen und mit geschältem Ingwer in den Entsafter geben. Zitrone vierteln und entsaften. Ananas schälen, klein schneiden und ebenfalls in den Entsafter geben. Ich serviere den Saft kalt mit Eiswürfeln.

Peppermint

1 Brokkoli
1 Bio-Zitrone
2 Äpfel
1 Handvoll Minze

Brokkoli mit Strunk im Entsafter verarbeiten. Zitrone vierteln und zusammen mit den Äpfeln entsaften. Zum Schluss die Minze Stängel für Stängel in den Entsafter geben. Zwischendurch abschmecken, damit Sie ein ausgewogenes Minzaroma erhalten.

Bloody Grape

Bloody Grape

½ Rotkohl
2 Grapefruits
Saft von ½ Granatapfel

Rotkohl in größere Stücke schneiden und in den Entsafter geben. Grapefruits schälen und vierteln. Ebenfalls entsaften. Granatapfel entkernen und entsaften.

TIPP: Ich serviere den Saft kalt mit Eiswürfeln. Himmlisch!

KOHLPESTOS

Pesto mit Lauch, Erdnüssen und Grünkohl

1 Blatt Grünkohl
1 Stange Lauch
40 g Parmesan
75 g gesalzene Erdnüsse
100–150 ml kalt gepresstes Olivenöl
Saft von ½–1 Zitrone
Meersalz und Pfeffer aus der Mühle

Grünkohlblätter abzupfen und in kleinere Stücke reißen. Lauchstange in kleinere Stücke schneiden. Grünkohl, Lauch, geriebenen Parmesan, Erdnüsse, 100 ml Olivenöl, Zitronensaft, Salz und Pfeffer in einer Küchenmaschine oder einem Mixer zu einer glatten Masse mixen. Pesto mit Zitronensaft, Salz und Pfeffer abschmecken, evtl. mit weiterem Olivenöl verdünnen. Die Ölmenge hängt von der Größe der Lauchstange ab.

TIPP: Das Pesto schmeckt recht scharf und passt wunderbar zu gegrilltem Gemüse. Stark verdünnt eignet es sich auch als Dressing.

Pesto mit Rotkohl, gerösteten Haselnüssen und Zitrone

100 g Rotkohl
70 g Haselnüsse
200 ml kalt gepresstes Olivenöl
Schale und Saft von 1 Bio-Zitrone
Meersalz und Pfeffer aus der Mühle

Ofen auf 160 °C vorheizen. Rotkohl grob klein schneiden. Ein Backblech mit Backpapier auslegen, den Rotkohl auf der einen Hälfte, die Haselnüsse auf der anderen ausbreiten. Rotkohl und Haselnüsse 16 Minuten braten, dann herausnehmen und abkühlen lassen.

In einem sauberen Küchenhandtuch die braunen Häute der Haselnüsse abreiben. In einem Mixer oder einer Küchenmaschine gehäutete Nüsse, Rotkohl, Olivenöl, Zitronensaft und -abrieb sowie Salz und Pfeffer zu einer glatten Masse mixen. Pesto mit Zitronensaft, Salz und Pfeffer abschmecken, evtl. mit weiterem Olivenöl verdünnen.

TIPP: Das Pesto passt gut zu Grissini oder auf ein Sandwich. In einem grünen Kohlsalat ist es als Dressing ein optisches Highlight.

Lauch, Erdnüsse und Grünkohl

Rotkohl, geröstete Haselnüsse und Zitrone

Pesto mit Spitzkohl, Rucola und gerösteten Cashewkernen

50 g Spitzkohl
2 Handvoll Rucola
50 g ungesalzene Cashewkerne
100–150 ml kalt gepresstes Olivenöl
Saft von ½ –1 Zitrone
Meersalz und Pfeffer aus der Mühle

Spitzkohl und Rucola grob klein schneiden. In einer trockenen, sehr heißen Pfanne Cashewkerne rösten, bis sie etwas gebräunt sind und leicht angebrannt duften. Abkühlen lassen. Spitzkohl, Rucola, Cashewkerne, 100 ml Olivenöl, Zitronensaft, Salz und Pfeffer in einer Küchenmaschine oder einem Mixer zu einer glatten Masse mixen. Mit Zitronensaft, Salz und Pfeffer abschmecken, evtl. mit weiterem Olivenöl verdünnen.

TIPP: Ob auf einem Sandwich, als Dressing zu einem Kohlsalat oder als Dip zu Rohkost-Sticks aus Möhren, Kohlrabi und grünem Spargel – das Pesto lässt sich vielfältig verwenden.

Spitzkohl, Rucola und geröstete Cashewkerne

Kohlchips

Kohlchips und Kohlspeck sind knusprig, schmecken herrlich und sind ganz einfach zuzubereiten. Sie können sie pur, auf einem Sandwich, als knuspriges Extra auf einem Salat oder in einer Suppe essen oder den Kindern als Beilage zum Schulbrot eine Freude machen. Ich bereite sie immer aus Palmkohl zu, aber Wirsing eignet sich auch. Kohlspeck eignet sich wegen seines intensiven Umami-Geschmacks auch prima als Fleischersatz.

225 g ungesalzene Cashewkerne
100 ml kalt gepresstes Olivenöl
Meersalz und Pfeffer aus der Mühle
8 Stiele Palmkohl

Cashewkerne im Mixer zu einem feinen Mehl mahlen. Olivenöl hinzufügen. Öl und Cashewmehl zu einer weichen, cremigen Masse mixen. Mit reichlich Salz und Pfeffer kräftig würzen. Beim Palmkohl den unteren groben Teil abschneiden. Blätter gründlich in der Creme wälzen, sie sollten reichlich bedeckt sein.
Den Ofen auf 160 °C Ober- und Unterhitze vorheizen. Kohlblätter auf ein mit Backpapier ausgelegtes Backblech legen und 25 Minuten backen, bis sie knusprig sind. Dann herausnehmen und abkühlen lassen. In einem trockenen, luftdicht verschließbaren Behälter aufbewahren.

Kohlspeck

225 g ungesalzene Cashewkerne
100 ml kalt gepresstes Olivenöl
2 TL Rauchpaprikapulver
2 EL Tamari oder Sojasauce
Meersalz und Pfeffer aus der Mühle
8 Stiele Palmkohl

Cashewkerne im Mixer zu einem feinen Mehl mahlen. Olivenöl hinzufügen. Öl und Cashewmehl zu einer weichen, cremigen Masse mixen. Paprika und Tamari hinzufügen und alles gründlich verrühren. Mit Salz und Pfeffer würzen.
Den Ofen auf 160 °C Ober- und Unterhitze vorheizen. Beim Palmkohl den unteren groben Teil abschneiden. Blätter gründlich in der Creme wälzen, sie sollten reichlich bedeckt sein. Kohlblätter auf ein mit Backpapier ausgelegtes Backblech legen und 25 Minuten backen, bis sie knusprig sind. Dann herausnehmen und abkühlen lassen. In einem luftdicht verschließbaren Behälter aufbewahren.

Würzige Kichererbsen

400 g Kichererbsen
Salz
1 EL kalt gepresstes Olivenöl
1 EL Rauchpaprikapulver

Kichererbsen mindestens 12 Stunden in reichlich kaltem Wasser einweichen. Wasser abgießen und die Kichererbsen ca. 45 Minuten in frischem gesalzenem Wasser kochen, bis sie weich sind. Ofen auf 180 °C Ober- und Unterhitze vorheizen. Kichererbsen zunächst in Olivenöl, dann in Paprikapulver wälzen. Auf ein mit Backpapier ausgelegtes Backblech geben und 35–45 Minuten backen. Wenn Sie gekochte Kichererbsen aus der Dose verwenden, brauchen sie nur 30–40 Minuten. Zwischendurch ein paar Mal wenden. Damit sie schön knusprig werden, müssen Sie sie vollständig abkühlen lassen. In einem luftdicht verschließbaren Behälter halten sich die Kichererbsen etwa einen Monat.

TIPP: Sie schmecken prima als knusprige Einlage in einer Suppe oder auf einem Salat.

Würzige Kichererbsen

Kohlspeck

Kohlchips

Barbecue-Blumenkohl mit Kressedip

1 großer Blumenkohl oder
2 kleine Blumenkohl

BARBECUESAUCE
1 Knoblauchzehe
100 ml Ketchup
2 TL Rauchpaprikapulver
50 g Muscovadozucker (oder brauner Farinzucker)
2 TL Dijonsenf
2 EL Tamari oder Sojasauce
2 EL Apfelessig
1 EL Senfpulver
Meersalz und Pfeffer aus der Mühle

KRESSEDIP
200 g Crème légère
1 EL Dijonsenf
1 Packung Kresse
Meersalz und Pfeffer aus der Mühle

Blumenkohl vom Strunk befreien, die äußeren Blätter entfernen und den Kohl auf den Kopf stellen. Mit einem Schälmesser kleine Röschen abschneiden.

BARBECUESAUCE: Für die Barbecuesauce Knoblauch schälen und reiben und mit den anderen Zutaten verrühren. Am besten die Sauce eine Stunde ziehen lassen.

Blumenkohlröschen von allen Seiten mit der Barbecuesauce bepinseln und auf ein mit Backpapier ausgelegtes Backblech legen.

Ofen auf 250 °C mit Grill vorheizen. Blumenkohlröschen im Ofen 3–5 Minuten backen, bis sie auf allen Seiten braun sind, dann herausnehmen.

KRESSEDIP: Crème légère und Senf verrühren, Kresse abschneiden und unterrühren. Mit Salz und Pfeffer abschmecken.

Barbecue-Blumenkohl mit Dip servieren.

Wurzelgemüse-Béarnaise

150 ml weißer Balsamico
4 Pfefferkörner
4 Möhren
3 Pastinaken
2 rote Zwiebeln
etwas Olivenöl
2 EL gehackter Estragon
50 g Butter
Saft von 1–2 Zitronen
Salz und Pfeffer aus der Mühle

Balsamico und Pfefferkörner in einem Topf erhitzen und den Essig auf etwa 4 EL reduzieren. Pfefferkörner absieben.

Wurzelgemüse und rote Zwiebeln schälen und alles in kleine Stücke schneiden. In etwas Olivenöl wälzen und bei 200 °C Ober- und Unterhitze im Ofen 25 Minuten backen, bis das Gemüse gar ist. Gemüse mit Estragon, Butter, Salz, etwas Pfeffer, Essigessenz und Zitronensaft pürieren. Ggf. etwas Wasser hinzufügen, damit die Sauce cremiger wird.

Wurzelgemüse-Béarnaise

Blumenkohlpüree

Kohlrübenpüree

Blumenkohl-püree

3 kleine Süßkartoffeln (400 g)
etwas Olivenöl
1 kleiner Blumenkohl (400 g)
50 g Butter
100 ml Vollmilch
Saft von 1 Zitrone
Meersalz und weißer Pfeffer aus der Mühle
1 kleines Bund frischer Thymian

Süßkartoffeln gründlich waschen, halbieren und in etwas Olivenöl wälzen. Blumenkohl halbieren und mit Olivenöl bepinseln. Blumenkohl und Süßkartoffeln bei 200 °C Ober- und Unterhitze 45 Minuten backen.

Gemüse leicht abkühlen lassen, dann mit der Butter zu einer glatten Masse pürieren. Milch handwarm erhitzen. Hälfte der warmen Milch unter Rühren in das Püree gießen. Mit Zitronensaft, Salz und Pfeffer abschmecken.

Mehr Milch hinzufügen, bis das Püree genau die Konsistenz hat, die Sie mögen. In einer Schüssel anrichten und mit etwas frischem Thymian bestreut servieren.

Kohlrübenpüree

1–2 große Kohlrüben (400 g)
Schale und Saft von 1 Bio-Zitrone
50 g Butter
100–200 ml Schlagsahne (Fettgehalt mindestens 30 %)
Meersalz und Pfeffer aus der Mühle
ein paar frische Kräuter

Kohlrüben schälen und würfeln. Würfel in ungesalzenem Wasser kochen, bis sie weich sind. Wasser abgießen und ein wenig davon aufheben. Schale der Zitrone abreiben und den Saft auspressen.

Die warmen Kohlrübenwürfel mit 2 EL des Kochwassers pürieren, bis die Creme eine glatte Konsistenz hat. Beim Mixen Butter hinzufügen.

Sahne erwärmen und die Hälfte zur Creme geben, während Sie weiter pürieren. Püree mit Zitronensaft, Salz und Pfeffer abschmecken. Ggf. noch mehr Sahne hinzufügen, bis das Püree recht weich ist. Anrichten und mit ein paar frischen Kräutern bestreuen.

TIPP: Das Püree passt zu Lachs oder einer Portion Frikadellen.

Falafeln mit Grünkohl und Kohlzaziki

- 250 g Kichererbsen
- 1 Blatt Grünkohl
- 70 g Sesam
- 3 Knoblauchzehen
- 1 TL zerstoßener Koriander
- 2 TL Ras el-Hanout (marokkanische Gewürzmischung)
- 1 TL Backpulver
- 1 Handvoll Petersilie
- Meersalz und Pfeffer aus der Mühle
- 200 ml Kokosöl zum Braten
- 1 Portion Kohlzaziki (siehe Seite 200)

Kichererbsen in einer Schüssel mit Wasser 24 Stunden einweichen.

Wasser abgießen und die Kichererbsen gründlich in einem Küchenhandtuch abtrocknen. Grünkohlblätter von den Stielen befreien. Kichererbsen mit Sesam, geschältem Knoblauch, Koriander, Ras el-Hanout, Backpulver, Grünkohl und Petersilie pürieren.

Zum Schluss mit Salz und Pfeffer würzen.

In einer tiefen Pfanne 200 ml Kokosöl erhitzen. Kichererbsenmischung zu kleinen Bällchen formen und diese bei starker Hitze ca. 6 Minuten braten, bis sie rundum goldbraun sind. Ich brate immer nur 3–4 Stück auf einmal, damit die Pfanne schön heiß bleibt. Falafeln mit einem Schaumlöffel herausnehmen und auf ein Stück Backpapier legen. Sofort mit einer Schüssel Kohlzaziki und Pitabrot servieren. Falafeln passen auch gut zu einem Lammbraten.

Quesadillas mit Mozzarella, würzigem Kohl und luftgetrocknetem Schinken

Quesadillas sind mexikanische Maistortillas, die mit Käse, Gewürzen und Gemüse gefüllt und dann auf den Grill gelegt werden. Diese Variante besteht aus einem Maismehl-Taco mit einer leckeren Füllung aus würzigem Kohl, Chilimarmelade, Mozzarella und luftgetrocknetem Schinken.

TACOTEIG
(12 Stück)
450 g Maismehl (z.B. Masa harina, im Internet erhältlich, oder eine andere Sorte)
550 ml kochendes Wasser
etwas Meersalz
2 EL kalt gepresstes Olivenöl

FÜLLUNG
1 Zitrone
1 Knoblauchzehe
1 Msp. Honig
1 EL kalt gepresstes Olivenöl
Meersalz und Pfeffer aus der Mühle
2 Blätter Grünkohl
1 Handvoll Koriander

2 × 125 g Mozzarella
1 Portion Chilimarmelade (siehe Seite 199) oder eine fertige Chilisauce
4 Scheiben luftgetrockneter Schinken

TACOTEIG: Mehl, kochendes Wasser, Meersalz und Olivenöl verrühren und zu einer Teigkugel kneten. Der Teig darf gerne noch leicht feucht sein. Fühlt er sich zu trocken an, noch etwas Wasser einarbeiten. Auf der Arbeitsfläche 30 Minuten ruhen lassen.

Teig zu 12 kleinen Kugeln à ca. 30 g verarbeiten und diese zu dünnen Fladen ausrollen. Wenn Sie eine Tortillapresse haben, legen Sie ein Stück Backpapier hinein und pressen Sie den Fladen vorsichtig. In einer trockenen, heißen Grillpfanne (oder normalen Pfanne) die Fladen braten, bis sie leicht gebräunt sind und schön duften.

FÜLLUNG: ½ Zitrone auspressen, Knoblauch pressen. Knoblauch, Zitronensaft, Honig und Olivenöl verrühren und mit Salz und Pfeffer würzen. Grünkohl abzupfen und fein hacken. Koriander hacken und zusammen mit dem Grünkohl mit dem Dressing vermengen, etwa 30 Minuten ziehen lassen.

Für die Zubereitung der Quesadillas einen Fladen auf die Arbeitsfläche legen. Darauf Kohlfüllung, 1 Scheibe Mozzarella, etwas Chilimarmelade und zuletzt 1 Scheibe luftgetrockneten Schinken schichten. Darauf einen weiteren Fladen legen und das Ganze auf einem Kontaktgrill, in einer Grillpfanne oder bei 200 °C Ober- und Unterhitze im Ofen backen, bis die Fladen Farbe angenommen haben.

Kohlrösti mit Baba Ganoush und Kräutern

8–10 Stück

500 g Backkartoffeln
500 g Blumenkohl
1 rote Zwiebel
2 Knoblauchzehen
1 EL gehackter Estragon
1 EL gehackter Oregano
1 Ei
Meersalz und Pfeffer aus der Mühle
100 ml Kokosöl oder Olivenöl zum Braten
ein paar Kräuter zum Garnieren
1 Portion Baba Ganoush (siehe Seite 201)

Kartoffeln schälen, grob reiben und ausdrücken, bis sie alle Flüssigkeit abgegeben haben. Blumenkohl reiben oder in einer Küchenmaschine zerkleinern. Zwiebel und Knoblauch schälen und fein hacken. Kräuter ebenfalls fein hacken. Kartoffeln, Blumenkohl, Zwiebel, Knoblauch und Kräuter mit dem Ei in eine Schüssel geben und alles gut mischen. Mit Salz und Pfeffer würzen.

In einer Pfanne Kokosöl erhitzen. Kartoffelmischung in der Pfanne verteilen und ca. 8–10 Minuten von beiden Seiten bei gleichmäßiger Hitze braten, bis Sie eine feste Rösti haben. Zum Wenden einen Topfdeckel auf die Pfanne legen, die Pfanne umdrehen und die Rösti anschließend vorsichtig zurück in die Pfanne gleiten lassen. Zum Schluss bei 200 °C Ober- und Unterhitze im Ofen ca. 30 Minuten rösten.

Rösti wie eine Torte aufschneiden, mit ein paar Kräutern bestreuen und mit Baba Ganoush oder einer einfachen Crème-fraîche-Kräuter-Creme als Dip servieren.

Gelbes Kraut mit Weißkohl, Spitzkohl, Blumenkohl und Kurkuma (siehe Seite 192)

KRAUT UND KIMCHI

Fermentierung ist im Grunde nichts anderes als das „Gären" von Gemüse und Früchten. Gemüse und Obst ist von Natur aus mit einer Mikroflora überzogen. Bei Gemüse sind es in der Regel Milchsäurebakterien, die fermentieren oder den Zucker im Gemüse zu Milchsäure vergären. Ganz konkret bewirkt die Milchsäure, dass der pH-Wert sinkt und das Gemüse dadurch „sauer" wird. Am bekanntesten ist wohl das klassische Sauerkraut, aber auch das koreanische Kimchi, eine würzige Ausgabe des Krauts, wird immer beliebter. Durch Fermentierung bekommt das Essen mehr Geschmack und Säure. Und ganz nebenbei kann man so prima Gemüsereste verarbeiten.

Rotes Kraut mit Spitzkohl, Roter Bete, Curry und Rosinen (siehe Seite 193)

Gelbes Kraut mit Weißkohl, Spitzkohl, Blumenkohl und Kurkuma

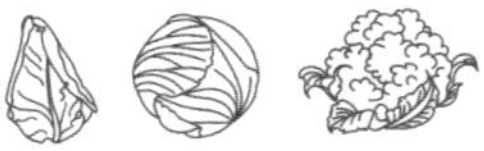

½ Spitzkohl
½ kleiner Weißkohl
1 Blumenkohl
1 Zwiebel
40 g grobes Salz
2 EL geriebene frische Kurkuma (oder 2 EL getrocknete)
2 EL Senfpulver
1 EL zerstoßener Koriander

Spitzkohl und Weißkohl fein schneiden, Blumenkohl in Röschen schneiden, Zwiebel schälen und in Ringe schneiden. Alles in eine Schüssel geben und Salz, Kurkuma, Senfpulver und Koriander ca. 10 Minuten einmassieren, bis das Gemüse Saft abgegeben hat.

Kohl in ein großes Einmachglas füllen, gut zusammenpressen und mit dem ausgepressten Kohlsaft begießen (er dient nun als Salzlake). Auf die Masse große Kohlblätter oder eine Untertasse legen, um den Kohl zusammenzudrücken.

Das Glas für mindestens 21 Tage an einen dunklen Ort stellen, damit der Kohl fermentiert oder gärt. Jeden Morgen das Glas öffnen, um Druck abzulassen. Zwischendurch abschmecken. Wenn sich an der Oberfläche kleine Bläschen bilden, ist das Kraut fertig. Je länger er fermentiert, desto saurer wird der Kohl. Wenn Sie es sauer genug finden, das Kraut in den Kühlschrank stellen.

Den fermentierten Kohl z.B. in einem Kohlwrap zubereiten oder mit Crème fraîche verrührt eine Remoulade herstellen. Kurkuma färbt stark, Sie sollten daher Handschuhe benutzen.

TIPP: Das Kraut passt hervorragend zu einem Kohlsalat mit Lachs.

Rotes Kraut mit Spitzkohl, Roter Bete, Curry und Rosinen

1 lila Spitzkohl
2 Möhren
2 Rote Beten
1 Stange Lauch
1 rote Chilischote
40 g grobes Salz
4 EL scharfes Currypulver
60 g Rosinen

Spitzkohl fein schneiden, Möhren und Rote Beten schälen und würfeln. Lauchstange in dünne Scheiben schneiden. Chili entkernen und in dünne Scheiben schneiden. Alles in eine Schüssel geben und Salz und Currypulver ca. 10 Minuten einmassieren, bis das Gemüse Saft abgegeben hat.

Gemüse mit Rosinen vermengen und das Ganze in ein großes Einmachglas füllen, gut zusammendrücken und mit dem ausgepressten Kohlsaft begießen (er dient nun als Salzlake). Auf die Masse große Kohlblätter oder eine Untertasse legen, um den Kohl zusammenzudrücken. Das Glas für mindestens 21 Tage an einen dunklen Ort stellen, damit der Kohl fermentiert. Jeden Morgen das Glas öffnen, um Druck abzulassen. Zwischendurch abschmecken. Wenn sich an der Oberfläche kleine Bläschen bilden, ist das Kraut fertig. Je länger er fermentiert, desto saurer wird der Kohl. Wenn Sie es sauer genug finden, das Kraut in den Kühlschrank stellen.

TIPP: Rote Bete färbt stark, Sie sollten daher Handschuhe benutzen. Ich esse dieses Kraut zu würzigen Eintopfgerichten.

Spitzkohl-Kimchi mit Brokkolistielen und Pastinaken

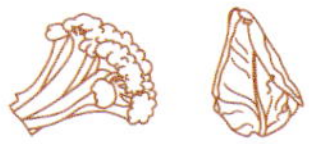

1 großer Spitzkohl

SALZLAKE
1 l kochendes Wasser
50 g Salz

KIMCHIPASTE
4 Knoblauchzehen
100 g Paprikapulver
1 scharfe Chilischote
50 ml Fischsauce
1 EL flüssiger Honig
50 ml Wasser

2 Brokkolistiele
(oder 1 Kohlrabi)
2 Pastinaken
1 rote Zwiebel

Spitzkohl vom Strunk befreien, die äußeren Blätter entfernen und den Kohl vierteln. In eine tiefe Schüssel geben und mit der Salzlake begießen. Über Nacht ziehen lassen, danach abgießen.

KIMCHIPASTE: Geschälten Knoblauch, Paprikapulver, Chili, Fischsauce, Honig und die Hälfte des Wassers zu einer glatten Masse pürieren. Nach und nach weiteres Wasser angießen. Die Paste sollte nicht zu trocken sein, aber auch nicht zu flüssig.

Gesalzenen Kohl fein schneiden. Brokkolistiele und Pastinaken schälen und fein würfeln oder in Julienne schneiden. Zwiebel schälen und fein würfeln. Gemüse in eine Schüssel füllen, ca. 3 EL Kimchipaste hinzufügen. Paste ca. 5–10 Minuten in das Gemüse einmassieren, bis der Kohl Flüssigkeit abgibt. Die Mischung in ein Glas geben und mit der Flüssigkeit begießen. Gründlich zusammendrücken und mit einer Untertasse beschweren. Glas verschließen und an einen dunklen, trockenen Ort stellen.

Etwa 5–7 Tage fermentieren lassen. Dabei jeden Tag das Glas öffnen, um Druck abzulassen. Wenn der Kohl leichte Bläschen aufweist und säuerlich schmeckt, ist er fertig. In den Kühlschrank stellen, denn das stoppt den Fermentierungsprozess. Weiterhin den Deckel einmal pro Woche öffnen.

TIPP: Kimchi und Kraut lassen sich prima für Dressings und selbst gemachte Remouladen verwenden. Dafür fein hacken und mit süß eingelegtem Gemüse, Crème fraîche und ggf. Mayonnaise vermengen.

Taco mit Kimchi, warm geräuchertem Lachs und Ei

Tacos – oder Maistortillas, wenn man so will – eignen sich prima für unterwegs und machen aus Gemüseresten eine leichte Mahlzeit. Die Zubereitung der Fladen ist ganz einfach. Ich empfehle, dass Sie ein gutes Maismehl kaufen (in diesem Fall Masa harina), denn dadurch werden die Tacos besonders knusprig und lecker. Die Fladen lassen sich gut einfrieren und später in der Pfanne oder im Ofen aufwärmen.

TACOTEIG
(12 St.)
450 g Maismehl (am besten Masa harina, im Internet erhältlich)
550 ml kochendes Wasser
etwas Meersalz
2 EL kalt gepresstes Olivenöl

FÜLLUNG
4 Eier
Meersalz und Pfeffer aus der Mühle
65 g Mandeln
2–3 Stücke warm geräucherter Lachs
1 Packung Kresse
12 EL Kimchi (siehe Rezept S. 195)

TACOTEIG: Mehl, kochendes Wasser, Meersalz und Olivenöl verrühren und zu einer Teigkugel kneten. Der Teig darf gerne noch leicht feucht sein. Fühlt er sich zu trocken an, noch etwas Wasser einarbeiten. Teig auf der Arbeitsfläche 30 Minuten ruhen lassen.

Dann zu 12 kleinen Kugeln à ca. 30 g verarbeiten und diese zu dünnen Fladen ausrollen. Wenn Sie eine Tortillapresse haben, legen Sie ein Stück Backpapier hinein und pressen Sie den Fladen vorsichtig. In einer trockenen, heißen Grillpfanne (oder normalen Pfanne) die Fladen braten, bis sie leicht gebräunt sind und schön duften.

FÜLLUNG: In einer Pfanne etwas Olivenöl erhitzen und Spiegeleier braten. Mit Salz und Pfeffer würzen.

Mandeln grob hacken und in einer heißen, trockenen Pfanne braten, bis sie ganz leicht angebrannt sind. Lachs von der Haut befreien und in vier Filets schneiden.

Tacos mit Spiegelei, Lachs, geschnittener Kresse und gerösteten Mandeln servieren. Mit Meersalz und frisch gemahlenem Pfeffer würzen. Kimchi dazu servieren.

DIPS, CREMES UND MARMELADEN

Chilimarmelade

300 g rote Paprika
2 rote Chilischoten (am besten scharf)
200 g Ingwer
200 g Rohrzucker
125 ml Apfelessig

Paprika und Chilis putzen, entkernen und in Streifen schneiden. Ingwer schälen und fein reiben. Paprika, Chilis, Ingwer, Rohrzucker und Apfelessig in einen Topf geben, aufkochen lassen und 15 Minuten köcheln, bis Paprika und Chilis weich sind. Die Masse mit einem Pürierstab zu einer glatten Konsistenz mixen. Soll sie etwas dicker werden, lassen Sie sie etwas länger kochen.

TIPP: Größere Mengen zubereiten und einfrieren! Im Kühlschrank hält sich die Marmelade ca. 1 Monat.

Erbsenhummus

70 g abgetropfte gekochte Kichererbsen (evtl. aus der Dose)
100 g grüne Erbsen (ausgepalte Menge)
1 Zitrone
2–3 EL kalt gepresstes Olivenöl
Meersalz und Pfeffer aus der Mühle

Kichererbsen über Nacht in kaltem Wasser einweichen. Wasser abgießen, Kichererbsen abspülen und in frischem, gesalzenem Wasser kochen, bis sie weich sind. Abkühlen lassen.

Erbsen mit Kichererbsen, Zitronensaft, Olivenöl und etwas Salz und Pfeffer mixen. Mit noch etwas Zitronensaft, Salz und Pfeffer abschmecken.

Cashewsenf

70 g ungesalzene Cashewkerne
2 EL Senfpulver
2 EL kalt gepresstes Olivenöl
100 ml Apfelsaft
Meersalz und Pfeffer aus der Mühle

Cashewkerne in einer Schüssel mit Wasser einweichen und im Kühlschrank mindestens 12 Stunden ziehen lassen.

Abtropfen lassen, anschließend mit Senfpulver, Olivenöl, Apfelsaft sowie Salz und Pfeffer pürieren.

Kohlzaziki

100 g griechischer Joghurt
1 Knoblauchzehe
1 EL Pesto (am besten Basilikum- oder Petersilienpesto)
Meersalz und Pfeffer aus der Mühle
1 großer Kohlrabi

Joghurt in einer Schüssel glattrühren. Knoblauch auspressen und mit dem Pesto zum Joghurt geben. Zaziki mit Salz und Pfeffer abschmecken. Kohlrabi schälen und ganz fein würfeln oder auf einer Reibe zu Julienne verarbeiten.

Kohl mit dem Dressing mischen und anrichten. Dieses Zaziki hat richtig Biss und schmeckt viel besser als die klassische Variante mit Gurke. Im Kühlschrank hält es sich ein paar Tage, aber am besten schmeckt es ganz frisch.

Baba Ganoush aus Blumenkohl

1 kleiner Blumenkohl
4 EL kalt gepresstes Olivenöl
Meersalz und Pfeffer aus der Mühle
1–2 Knoblauchzehen
2 EL Tahin (Sesampaste)
½ TL Kreuzkümmel
100 g griechischer Joghurt
1 Zitrone

Ofen auf 200 °C vorheizen. Blumenkohl in Röschen teilen, mit Olivenöl bepinseln und auf ein mit Backpapier ausgelegtes Backblech legen. Mit Salz und Pfeffer würzen und ca. 15–20 Minuten backen. Dann herausnehmen und abkühlen lassen.

Gebackenen Blumenkohl mit Knoblauch, Tahin, Kreuzkümmel, Joghurt und Zitronensaft pürieren. Die Creme mit Salz und Pfeffer und evtl. noch etwas Zitronensaft abschmecken.

Baba Ganoush passt zu Salaten, auf ein Sandwich oder als Dip zu Fladenbrot.

Rezepte

Fleisch und Fisch als Beilage

FISCH

HUHN

LAMM

RIND

SCHWEIN

WILD

Zutatenregister

ANANAS

ÄPFEL

APRIKOSEN, GETROCKNETE

ARONIABEEREN

AVOCADO

AZUKISPROSSEN

KOHLRABI

KOHLRÜBEN

KORIANDER

KORNBLUMEN

KRESSE

KREUZKÜMMEL

KÜRBISKERNE

KURKUMA

LIMETTEN

MAISKOLBEN

MANDARINEN

MANDELN

MANGO

MEERRETTICH

MINZE

MÖHREN

MOZZARELLA

Stichwortregister

ein Unternehmen der Verlagsgruppe Patmos
in der Schwabenverlag AG, Ostfildern
www.thorbecke.de

Umschlaggestaltung: Finken & Bumiller, Stuttgart
Gedruckt in Slowenien
ISBN 978-3-7995-1289-3 (Print)
ISBN 978-3-7995-1322-7 (eBook)